Hipster

Eine transatlantische Diskussion

Herausgegeben von Mark Greif, Kathleen Ross,
Dayna Tortorici und Heinrich Geiselberger

Aus dem Englischen von Niklas Hofmann
und Tobias Moorstedt

Suhrkamp Verlag

Die amerikanische Originalausgabe erschien 2010 unter dem Titel
What Was the Hipster? A Sociological Investigation
als dritter Band der *Small Book*-Serie der New Yorker Zeitschrift *n+1*.

Bibliographische Information der Deutschen Nationalbibliothek.
Die Deutsche Nationalbibliothek verzeichnet diese Publikation in der Deutschen Nationalbibliographie; detaillierte bibliographische Daten sind im Internet über http://dnb.d-nb.de abrufbar.

edition suhrkamp
Sonderdruck
Erste Auflage 2012

Deutsche Erstausgabe

Druck: Druckhaus Nomos, Sinzheim
Umschlag gestaltet nach einem Konzept
von Willy Fleckhaus: Rolf Staudt
Printed in Germany
ISBN 978-3-518-06173-2

1 2 3 4 5 6 – 17 16 15 14 13 12

Inhalt

7 Vorwort zur deutschen Ausgabe
11 Vorwort zur amerikanischen Ausgabe

Die Tagung an der New School
23 I. Vorträge
23 Mark Greif: Positionen
32 Christian Lorentzen: Ich lag falsch. Nach Charles Bernstein
41 Jace Clayton: Die Vampire von Lima
48 II. Podiumsdiskussion

Reaktionen
81 Jennifer Baumgardner: Williamsburg, Jahr null
85 Margo Jefferson: Zwanzig Fragen
90 Patrice Evans: Hip-Hop und Hipsterismus. Anmerkungen zu einer Philosophie des Uns und der Anderen

Essays
99 Dayna Tortorici: Man erkennt sie, wenn man sie sieht
112 Mark Greif: Nachruf auf den weißen Hipster
141 Christopher Glazek: South Side Story. Hipster gegen Chassidim

154 Bibliografie

Reaktionen von diesseits des Atlantiks
159 Tobias Rapp: Hackescher Markt, Trucker-Mütze, Tourist. Der Berliner Hipster in drei Begriffen

171 Thomas Meinecke/Eckhard Schumacher: Geradeaus Wilhelmsburg
188 Jens-Christian Rabe: Gegenwärtigkeit als Phantasma. Über den Hass auf den Hipster

205 Die Beiträgerinnen und Beiträger
207 Dank

Vorwort zur deutschen Ausgabe

Man muss nicht besonders aufmerksam Zeitung lesen, um ihm nahezu überall zu begegnen – dem Hipster. Er kommt in Artikeln über Musik und Kleidung vor (»Vor wenigen Jahren wäre es noch eine Sache für absolute Hipster oder CSU-Mitglieder gewesen, sich in Loden zu zeigen. Nun ist der Wollstoff Thema der Mode.«), hat allerdings längst weitere soziokulturelle Nischen erobert. In einem Bericht über einen abgesetzten *Tatort*-Kommissar heißt es: »Mit dem patenten Burschen aus dem Chiemgau, der daheim gerade einen Bauernhof repariert, können sich bodenständige Konservative und großstadtmüde Hipster gleichermaßen identifizieren.« Und der *Spiegel*-Redakteur Georg Diez hat die Hipster im besetzten Zuccotti Park in New York entdeckt, er spricht von den »Kiffern, Hipstern und Drop-outs der Occupy-Bewegung«.[1]

Dabei klingt es immer so, also müsse man gar nicht lange erläutern, was ein Hipster eigentlich ist. Das Wort scheint so etwas wie ein semantischer Joker zu sein, den man ausspielen kann, wenn es irgendwie um junge, modebewusste Menschen in Großstädten geht. Anders als »Kiffer« oder »Drop-outs« lassen sich die Hipster allerdings weder über Tätigkeiten noch über ihren sozialen Status definieren, was sie auch von Sozialfiguren wie Spekulanten, Medienintellektuellen oder Therapeuten unterscheidet.[2] Und im Gegensatz zu Punks, Poppern, Rappern oder Metallern kristallisiert sich diese Jugendkultur (wenn es denn eine ist) nicht um eine identifizierbare Musikrichtung. Am Ende landet man meist bei intensionalen phänomenologischen

1 Alle Zitate stammen aus Artikeln, die zwischen dem 12. und dem 21. November 2011 veröffentlicht wurden. Besonders hübsch und nah am Thema: »Hertha-Fans, Hipster, Tragetuch-Mutti – Berliner sind gern in der Gruppe individuell.« (N. N., »Berlin Heijo«, in: *Der Tagesspiegel* [12. November 2011], S. 4)

2 Vgl. dazu den von Stephan Moebius und Markus Schroer herausgegebenen Band *Diven, Hacker, Spekulanten. Sozialfiguren der Gegenwart* (es 2573, Berlin: Suhrkamp 2010).

Definitionen, die Accessoires auflisten, an denen man Hipster erkennt (dicke Brillen, enge Hosen, Fahrräder ohne Gangschaltung usw.; vgl. dazu die Abbildung auf S. 10), oder im definitorischen Nirgendwo. Patrice Evans berichtet in seinem Beitrag von den vergeblichen Versuchen, seiner Verwandtschaft zu erklären, was ein Hipster denn nun eigentlich sei: »›Ach, du meinst junge Leute?‹, war eine der häufigsten Antworten.«

Um die Diskrepanz zwischen diskursiver Omnipräsenz und begrifflicher Unterbestimmtheit zu reduzieren, hat die New Yorker Kulturzeitschrift *n+1* dem Hipster am 11. April 2009 eine Tagung an der New School gewidmet. 2010 erschien dann der Band *What Was the Hipster?*, der die Vorträge, die Podiumsdiskussion und Medienberichte über die Veranstaltung dokumentiert; daneben enthält das amerikanische Buch weitere Essays, die auf die Thesen der Tagung reagieren. Diese Texte zeigen zunächst, wie es mithilfe der »Race, Class, Gender«-Heuristik gelingt, dem vermeintlichen Oberflächenphänomen zeitdiagnostische Tiefe zu verleihen. Zugleich sieht man, daß die Hipster die Wiege des Hipstertums im Südosten Manhattans bzw. New Yorks verlassen und Lima, Paris und Berlin erreicht haben, wo sie ein höchst gegenwärtiges Phänomen darstellen – so (all)gegenwärtig, daß sich die ersten Berliner Kneipen bereits dagegen wehren. Im Herbst 2011 fand sich in einem Neuköllner Schaufenster folgender Aushang: »Entschuldigung, kein Eintritt für Hipster aus den USA. Auch Personen, die amerikanische Hipster nachahmen, sind nicht willkommen.« (Vgl. dazu die Abbildung auf S. 158)

Aus diesem Grund wurde der amerikanische Titel für diese Ausgabe in die Gegenwart geholt, zudem führen deutsche Journalisten, Autoren und Wissenschaftler die Debatte auf dieser Seite des Atlantiks weiter.[3] Tobias Rapp widmet sich dem

3 Drei Texte aus der US-Ausgabe wurden nicht übernommen: zwei Berichte über die Veranstaltung in New York, sowie ein Aufsatz des Essayisten Robert Moor mit dem Titel »On douchebags«, in dem er sich mit dem Verhältnis zwischen dem amerikanischen Schimpfwort *douchebag* (etwa Warmduscher oder auch Kotzbrocken; eigentlich bedeutet der Begriff so viel wie Klistierpumpe oder Intimdusche) und dem Ausdruck Hipster beschäftigt.

Berliner Hipster und fragt, wie die Mechanismen der globalen Nachahmung funktionieren. Thomas Meinecke und Eckhard Schumacher verlängern die Analysen in die Vergangenheit und versuchen (im Rahmen eines im Frühsommer 2011 geführten E-Mail-Wechsels) herauszuarbeiten, was all die Künstlerinnen, Musiker und Schauspieler gemeinsam haben, denen man in den vergangenen sechs, sieben Jahrzehnten das Label »hip« verpaßt hat. Jens-Christian Rabe schließlich befaßt sich mit zwei weiteren Aspekten, die in dem »Hipster-müssen-draußen-bleiben-Aushang« angedeutet sind: seiner (All-)Gegenwart und dem Hass auf den Hipster.

Hipster Bingo-Karte
(Foto und Design: © Paul Buller)

Vorwort zur amerikanischen Ausgabe

Jeder Versuch, die Hipster zu beschreiben, ist letztlich zum Scheitern verurteilt, weil darin am Ende nie alle die Hipster wiedererkennen, denen sie selbst begegnet sind. Doch eines Tages, wenn die Hipster längst vom Antlitz der Erde verschwunden sein werden, wenn sich die Subkulturen verändert und sich neue Stile und Formen entwickelt haben und wenn neue Begriffe für Lob und Tadel gelten, wird die Hipster-Ära von 1999 bis 2011 von historischem Interesse sein – und die Forscher der Zukunft werden sich darauf verlassen müssen, dass wir im Hier und Jetzt unsere Beobachtungen und Eindrücke notiert haben.

Ich muss an dieser Stelle an einen Scherz denken, den sich ein Freund vor einiger Zeit mit mir erlaubt hat. »Kennst du den Komiker Ali G«, fragte er mich. »Nein«, antwortete ich. »Wunderbar«, sagte er, »hör dir einfach an, wie ich seine Witze erzähle. Meine Imitation von ihm ist perfekt.«

Was ich damit sagen will: Diejenigen von Ihnen, die Hipstern bereits im wirklichen Leben begegnet sind, werden sich vermutlich über die Charakterisierungen in diesem Buch beschweren. Den Lesern allerdings, die dieses Buch im Jahr 2050 in die Hand nehmen, kann ich nur sagen: Jeder Satz in diesem Buch ist wahr und unsere Imitation des Hipsters perfekt.

Die Mission dieses Bandes besteht darin, zu eruieren, ob es möglich ist, eine subkulturelle Formation zu analysieren, während sie noch existiert – und zwar anhand der Zeugenaussagen von Menschen, die der Szene nahestehen. Wir haben hierfür das kollektive Wissen einer eigenwillig zusammengestellten Gruppe angezapft: Autoren und Leser unseres Magazins *n+1* sowie einige interessierte Außenstehende trafen sich bei einer Podiumsdiskussion in den Räumen der New School in New York. Die Transkripte dieser Veranstaltung übergaben wir später Kritikern und Journalisten, damit sie sich eine andere Meinung bilden und unseren Ansatz infrage stellen konnten.

Alle Beiträger waren aufgefordert, ihre eigenen unmittelbaren

Erfahrungen und ihr Wissen einzubringen, ihre akademisch-analytischen Neigungen ebenso wie die Ressentiments und üblen Hintergedanken, die sie ohne Zweifel gegenüber ehemaligen Nachbarn, Konkurrenten und allen Menschen, die sich besser oder teurer anziehen, hegen, um so die Akte des modernen Hipsters zu füllen, dieses wandelnden Klischees und Buhmanns, der uns allen in den vergangenen Jahren begegnet ist. Das Projekt fand in genau der Sekunde statt, in der diese Figur begann, sich zu verändern.

Die Metamorphose des Hipsters, so sie denn wirklich stattfindet, bringt es mit sich, dass ein Begriff, der lange Jahre als Beleidigung verwendet wurde, plötzlich eine neutrale oder gar positive Konnotation erhält. Dieser Prozess geht zum einen mit der Tatsache einher, dass die Hipster-Mode den Mainstream erreicht hat, ein fixes Set von Accessoires und Stilmitteln, die frisch verpackt in den Einkaufszentren der USA liegen, zum anderen mit der tieferen Einsicht, dass die sozialen Kräfte, welche den Hipster – und das lebensnotwendige Bedürfnis, den Hipster infrage zu stellen – hervorgebracht haben, sich auch in Europa und Lateinamerika epidemisch ausbreiten.

Der Hipster ist nicht tot – vermutlich kennen Sie sogar ein paar lebende Exemplare, haben sie gar beim Essen und Schlafen beobachtet –, aber der Umstand, dass man immer häufiger hört, wie Café-Besucher in Williamsburg und der Lower East Side sich oder ihre Freunde als »irgendwie ein Hipster, klar, oder?« beschreiben, zeigt uns, dass wir die frühe Kulturgeschichte unseres Untersuchungsgegenstandes und die negativen Bedeutungen, die dem Wort ursprünglich anhafteten, unbedingt untersuchen sollten, bevor es zu spät ist.

Auch das Wort »Hippie« war ursprünglich ja mal als Beleidigung gedacht. »Kleine Hipster« nannten die Hipster und Beatniks der fünfziger und frühen sechziger Jahre jene Kids, die nur tanzen und kiffen wollten, dabei jedoch keine Ahnung hatten von Jazz, Politik oder Literatur. In den Sechzigern griffen die Massenmedien den Begriff auf und schufen so immer mehr Jünger für diesen Lifestyle. Irgendwann nahmen selbst die jungen Leute, die man nun korrekterweise »Hippies« nannte und die sich früher als »Freaks« oder »Heads« bezeichnet oder ganz auf einen Mannschaftsnamen verzichtet hatten, den Begriff auf und freuten sich über ein nützliches neues Wort (»Es wird dir gefallen, es sieht aus wie ein Hippie-Shirt«).[4]

Könnte es sein, dass der Begriff »Hipster« an einem ähnlichen Wendepunkt steht? Eher nicht. Die Wahrscheinlichkeit, dass derselbe Spitzname gleich zwei Mal mit großer Bedeutung aufgeladen wird, ist gering. Das Wort »Hipster« kommt aus der Tiefe der amerikanischen Geschichte und bezeichnete einst eine frühere, tatsächlich relevante Subkultur. Einer der Hauptstränge unserer Untersuchung beschäftigt sich mit dem zentralen Anliegen dieser älteren Figur, dem Hipster der vierziger und fünfziger Jahre – Rasse als Unterscheidung zwischen dem Schwarz- und dem Weiß-Sein, Rasse als Quelle von Wissen und als Schlachtfeld gesellschaftlicher Konflikte, von der Bürgerrechtsära bis in unsere vermeintlich postethnische Gesellschaft – und stellt die Frage, warum dieser alte Name wiederaufgenommen wurde.

Das Hipstertum als abgrenzbares Phänomen hat auch sehr viel mit bestimmten Moden und modischen Mikrotrends zu tun, die naturgemäß schwer zu beschreiben sind. Die Frage, welche äußeren Merkmale nun genau das Wesen des Hipsters ausmachen, wo ihr Ursprung liegt und was sie bedeuten, bringt

4 Zumindest wird die Geschichte oft so erzählt. Zum Beispiel in *The Haight-Ashbury. A History* von Charles Perry (New York 1984), einer popkulturellen Analyse, die auf einer beeindruckenden Zahl von Interviews mit den Protagonisten der Szene aufbaut. Perrys Beschreibung des frühen »Hippies« ist in unserem Kontext bemerkenswert, da auch hier die Vorwürfe, die immer wieder gegen moderne Hipster erhoben werden, auftauchen: »Während die Beatniks immer pleite waren, hatten die Hippies offenbar Geld. Das sorgte für Missstimmung […]. Das Einzigartige an den Hippies war ihre Haltung, diese raumgreifende, theatralische Haltung, die zeigen sollte: Ich bin cool genug, um Spaß zu haben. Sie nannten sich Dudes und Ladies statt Cats und Chicks. Und anders als die Beats, die immer in der schwarzen Uniform der Existenzialisten herumliefen, oder die Folk-Music-Anhänger mit ihren selbstgewebten Baumwollstoffen und Arbeiterklamotten trugen die Hippies bunte und modische Kleidung. Hippies lebten nicht nur an ihrem Geburtsort San Francisco, sondern tauchten verstreut im ganzen Land auf, meist in der Nähe von Universitäten.« Diese Beschreibung trifft eigentlich auch auf den modernen Hipster zu – erst später wurde das Wort Hippie mit der Politik der Antikriegsbewegung identifiziert.

unsere Autoren immer wieder aus dem Konzept. Aber gerade durch dieses Fragen und Deuten erhält man Hinweise, worum es eigentlich geht: um Abgrenzung, Narzissmus und ein Gefühl der Überlegenheit, das man mit kleinen Unterschieden produziert. Noch wichtiger aber ist womöglich, dass kryptische Mode-Statements wie die Trucker-Kappe oder der ironische Spruch auf dem T-Shirt zumindest zu Beginn sehr offensichtliche und präzise, ja beinahe verbale Zeichen waren, die uns Informationen darüber gaben, wer der Träger gerne sein wollte, für was er sich schämte und wonach er sich sehnte. Gerade weil viele dieser Trends historische Elemente aufgriffen und kopierten, dienten sie als Kommunikationsmittel und Bestätigung ideologischer Positionen.

Die modischen Details sind also womöglich gar nicht so kryptisch, wie sie im ersten Augenblick aussehen. Da fragt man sich schon, ob die behauptete Willkür der Mode-Statements womöglich Teil eines Mythos sein könnte oder gar die schlichte Weigerung, diese Phänomene zu ihren ersten Trägern und Vertretern zurückzuverfolgen.

Unsere »Untersuchung« lief wie folgt ab: An einem Samstagnachmittag im Frühjahr 2009 fand ein erstes Symposium an der New School in Manhattan statt. Dieses Buch dokumentiert die Vorträge, die an diesem Tag gehalten wurden, sowie die Diskussion, die den Redebeiträgen folgte. Wir haben der Versuchung widerstanden, die Fehler der Panel-Teilnehmer zu korrigieren (einige faktische Irrtümer wurden allerdings verbessert). In der Folge schickten wir Transkripte dieser Vorträge an Publizisten, von denen wir annahmen, dass sie unsere Vorgehensweise kritisieren und so neue Themenfelder erschließen würden. Die Anmerkungen sind im Abschnitt »Reaktionen« zusammengefasst. An diesem Punkt sollte die organisierte Untersuchung längst auf den Leser übergegriffen haben, der ein eigenes Erkenntnisinteresse und eine eigene Meinung entwickelt haben wird und weiß, in welche Richtung das Verhör der Hipster-Figur im nächsten Schritt gehen sollte. Im letzten Kapitel mit dem Titel »Essays« sind einige wohlüberlegte und detailreiche Texte enthalten, die auf verschiedene Unterthemen unseres Gegenstandes fokussieren oder die Interaktion der Hipster-Szene mit der Außenwelt untersuchen – Hipster und Gender, Hipster und Rasse, Hipster und Ästhetik sowie die Zukunft des Hipsters.

Endlich können wir uns einmal der Analyse eines kulturellen Phänomens widmen, von dem wir nicht nur über das Fernsehen erfahren haben oder das uns auf irgendeine andere Weise vorgekaut wurde. Gott sei Dank! Denn immer wenn man sich mit Artefakten und Dokumenten einer Subkultur beschäftigt, merkt man, wie stark doch die Vergangenheit durch intellektuelle Schlampigkeit, den Wunsch, Geld zu machen, zweitklassige Medienbeiträge und Nachzügler verdichtet und verzerrt wird. Als ob Norman Mailer gleichbedeutend mit den früheren Hipstern wäre, die Hippies gleich Woodstock, Punkrock gleich Sex Pistols und Grunge gleich Kurt Cobain. Obwohl diese artifiziellen Phänomene ihre Reichweite vor allem ihrem privilegierten Zugang zu PR-Agenturen, Kapital und den beiden wichtigsten Medien des subkulturellen Transfers, Film und Musik, verdankten, spielten sie doch über mehrere Generationen hinweg eine wichtige Rolle bei der Reproduktion von authentischer Hoffnung und widerständigen Impulsen. Auch unsere Autoren liefern allerdings keine rein subjektiven Berichte aus der Mitte der Hipster-Szene – im Gegenteil, und ich bin mir sicher, dass jeder, der Teil der Hipster-Szene ist, unsere Autoren als Nachzügler, Spielverderber und verkopfte Feuilletonisten verachten wird. Nachdem ich die Texte nun genau gelesen habe, bin ich mir allerdings sicher, dass diese Beiträge aus sicherer Entfernung eine korrekte Bilanz des Hipstertums ziehen. Ausgehend von unseren Erfahrungen, testen sie die Validität von Definitionen, sie versuchen sich an einer historischen Einordung und häufen eine ganze Reihe möglicher Eigenschaften des Hipsters an – ganz zu schweigen von einer wahren Schatztruhe an Gerüchten, Anekdoten, historischen Fakten und Pseudo-Fakten, die auf jeden Fall in eine Zeitkapsel der nuller Jahre gehören. Zudem bin ich der Meinung, dass diese Berichte in ihrer Gesamtheit einen blinden Fleck in der allgemeinen Wahrnehmung füllen. Und gerade solche Lücken erzählen uns viel über die Werte und sozialen Bedingungen des Hipstertums. Man denke etwa an die Tatsache, dass es bislang nicht gelungen ist, den weiblichen Hipster zu lokalisieren, obwohl Frauen in jeder Sphäre, die durch das Hipstertum berührt wurde (also Bereiche wie Mode oder Kunst), eine zentrale Rolle spielen. Hipster-Frauen kommen häufig nur dann vor, wenn man über die Dominanz der Männer in der Szene spricht.

Diese Beiträge sind sowohl Diagnosen als auch Symptome einer gewissen Ära, sie spiegeln unbewusste Haltungen, Fehler und Eitelkeiten wider, aus denen wir lernen können, was es einst bedeutete, in einem Klima der permanenten Kritik und der unterschwelligen Identifizierungsprozesse über Hipster zu sprechen. Man spürt das beispielsweise, wenn unsere Autoren klingen wie die letzten Idioten (was wir ihnen explizit erlaubt haben). Außerdem gibt es in diesem Buch ziemlich viel Geschrei und Gebrüll.

Wenn ich dieses Projekt Leuten beschreibe, die Hipster nur für eine Modeerscheinung oder einen lustigen Trend halten, dann sage ich immer, dass wir von einem sozialwissenschaftlichen Erkenntnisinteresse getrieben werden. Wenn ich mit Menschen spreche, die noch ernsthafter drauf sind, sage ich manchmal, dass unser Projekt eine Parodie des Wissenschaftsbetriebs darstellt. Die Strenge und die vielen Vorschriften, welche die Vorgehensweise von Professoren und Universitäten kennzeichnen, fehlen natürlich bei unserer Unternehmung. Wir wollen das Leben der Menschen in unsere Studie hereinholen – und zeigen, dass das Alberne untersucht werden kann und dass solche Unterfangen auch albern, spielerisch und profan sein können.

Sozialwissenschaftliche Literatur findet sich nur äußerst selten auf den hippen Lektüre-Listen meiner Freunde, was sowohl mit dem Antiintellektualismus des amerikanischen Hobbylesers zu tun hat als auch mit den sperrigen formalen Standards, den Fußnoten, quantitativen Daten, Bibliografien usw., denen die universitäre Veröffentlichungspraxis unterliegt. Die eine soziologische Studie, die dennoch jeder, wirklich jeder, lesen und erfahren sollte, sind dabei *Die feinen Unterschiede* von Pierre Bourdieu. Das Buch stellt eine Übung in Selbstkritik dar, die jede Generation durchlaufen sollte. Bourdieu hatte dieses Buch aus strategischen und Karrieregründen für die intellektuellen Elite-Kader der französischen Universitäten geschrieben, und der Leser muss, um das Buch zu verstehen, ein neues Vokabular erlernen und geistige Arbeit in einem Ausmaß leisten, das nur im akademischen Diskurs üblich ist. Im besten Fall wird unser kleines Buch, so hoffe ich zumindest, die interessierte Öffentlichkeit an diese Art Text heranführen – an Bourdieu natürlich, aber auch an andere zeitgenössische Sozialwissenschaftler, die Bücher einer großen Bandbreite, Bedeutung und Wirkung geschrieben haben: Barbara Ehrenreich, Thomas Frank, Arlie Russell Hochschild, David Harvey, Juliet Schor, Mike Davis und all die anderen Autoren, deren Namen man im Literaturverzeichnis am Ende der ursprünglichen amerikanischen Beiträge findet.

Eine Anmerkung habe ich noch: Einige Leute, Außenstehende und Teilnehmer dieses Projekts, haben sich darüber lustig gemacht, dass ausgerechnet das Magazin *n+1*, dieses »Tagebuch über Literatur, Politik und Diskurs«, das 2004 in New York gegründet wurde und in den Hipster-Biotopen Dumbo und Lower East Side produziert wird, eine intellektuelle Debatte über Hipster anstößt. Ein Grund für diesen Widerspruch war, dass das Thema vielen banal und dümmlich erschien. Als wir die Veranstaltung ankündigten, erhielten wir binnen weniger Minuten die E-Mail eines Lesers, der schrieb: »Ich hoffe, das ist ein Witz. Denn wenn dies nicht der Fall sein sollte, dann ist das sehr, sehr traurig.« Andere beschwerten sich, es sei einfach zu naheliegend, dass wir uns mit dem Thema beschäftigen – Soziologen würden dies vermutlich als Beispiel für inadäquate Selbstreflexivität bezeichnen. *n+1*, so der Vorwurf, sei schließlich selbst ein Hipster-Magazin und werde durch ähnliche soziale Kräfte geformt und vorangetrieben. Ich denke, dass der erste Vorwurf falsch ist, der zweite jedoch eine gewisse Berechtigung besitzt. Der Hipster verkörpert auf fundamentale Art und Weise einen kulturellen Trend, den wir mit der Gründung des Magazins bekämpfen wollten. Und trotzdem existiert der Hipster auch in unserer unmittelbaren Umgebung, in unserer Nachbarschaft und kleinen Lebenswelt. Er ist zugleich Gefahr und

Versuchung, ein Feind also, mit dem wir sehr gut vertraut sind.

Nachdem ich die Debatte, die Antworten und Essays nun viele Male gelesen habe, stelle ich folgenden Lerneffekt fest: Der Hipster zeigt uns, was mit Eliten im Allgemeinen und der weißen Mittelschicht im Speziellen passieren kann, wenn sie ihre ach so kontroverse und mutige Rebellion nur noch in Bereichen austragen, die ihr eigenes Vergnügen und ihren Komfort betreffen – anstatt sich zu fragen, warum ausgerechnet die eigene Schicht einen Anspruch auf diese Privilegien besitzen soll, welche Population eventuell unter dieser Konstellation leidet und welche Schnittstellen es zwischen ihrer Stil-Rebellion und jenen echten sozialen Konflikten gibt, die jeden Menschen, der Autoritäten misstrauisch gegenübersteht, zum Engagement verpflichten.

Oder anders (und schlimmer): Der subkulturelle Typus des Hipsters ist ein Produkt des Neoliberalismus, dieser berüchtigten Strömung unserer Zeit, öffentliche Güter zu privatisieren und die Umverteilung von unten nach oben voranzutreiben. Die Hipster verherrlichen reaktionäre Politik, tragen Rebellen-Kostüme und verstecken sich hinter der Maske des »Lasters« (englisch *vice*, ein Schlüsselbegriff der Szene; das gleichnamige Magazin spielt in den USA, inzwischen aber auch in Europa eine wichtige Rolle im Hipster-Milieu; Anmerkung des Übersetzers). Die Kunst und der Diskurs der Hipster, so es sie denn geben sollte, setzen sich oft für die Wiederholung und das Kindische ein, für Primitivismus und plüschige Tiermasken. Der allzu artikulierte Antiautoritarismus der Hipster entpuppt sich als Trick, durch den sich der weiße Mittelschichtnachwuchs die Coolness der Subkultur sichert, während er zugleich eine Ausrede dafür darstellt, die Forderungen der Gegenkultur – der Punks, Anarchisten, Antikapitalisten, Nerds usw. – aufgegeben zu haben. Es besteht die Gefahr, dass die Avantgarden der Zukunft einfach nur Gemeinschaften von *early adopters* und Trendsettern sein werden.

Aber ich sehe schon, ich greife dem Buch vor. Am Ende ist es jedoch die beinahe universale Abneigung, die dem Hipster entgegenschlägt (auch unter Hipstern), die mich glauben lässt, dass ich vielleicht ein wenig übertreibe und dass alles gut würde, wenn wir die Dinge nur ein klein wenig klarer sähen.

Viel Vergnügen!
Mark Greif

Aus dem Englischen von Tobias Moorstedt

Die Tagung an der New School

I. Vorträge

MARK GREIF

Positionen

Wollen wir also mal sehen, ob ich, ausgehend von dem, was ich lese, was ich höre und was ich gesehen habe, den Hipster trennscharf und hinreichend beschreiben kann. Vielleicht stellen meine Definitionsversuche ja einen brauchbaren Ausgangspunkt für unsere Diskussion dar. Und wenn sie falsch sein sollten, dann müssen wir sie eben korrigieren.

Zeitliche Einordnung: Wenn wir über den zeitgenössischen Hipster sprechen, dann sprechen wir über eine äußerst heterogene Figur, die in diversen Subkulturen zu verorten ist und die zum ersten Mal im Jahr 1999 auftauchte und eine recht kurze, aber robuste erste Phase durchlebte, zwischen 1999 und 2003. Zu dieser Zeit schien sich die Kategorie des Hipsters jedoch bereits wieder aufzulösen und in der chaotischen Ursuppe des Undergrounds aufzugehen, um etwas Neuem Platz zu machen. Tatsächlich wurden wir dann jedoch Zeugen einer raschen Ausbreitung und Stabilisierung des Begriffs. Diese zweite Phase begann 2003, und sie dauert bis zum heutigen Tag an.

Entstehung: Zu dem Beziehungsgeflecht, aus dem der zeitgenössische Hipster hervorgegangen ist, gehören der Neunziger-Jahre-Lifestyle des »Indie« oder »Indie-Rock« sowie jenes Milieu, das der Soziologe Richard Lloyd in seiner Ethnografie des Chicagoer Stadtteils Wicker Park als »Neo-Boheme« bezeichnet hat: eine Künstler-Szene, deren Mitglieder ihren Lebensunterhalt in Bars, Cafés und Rock Clubs verdienen und gleichzeitig unbewusst ein Milieu bilden, in dem der »Spätkapitalismus« – also das Geschäft mit Design, Werbung, Webdesign und der sogenannten »Erfahrungsökonomie« – floriert.

Für die Zeit ab ca. 1980 haben wir meines Erachtens eine

ziemlich konkrete Vorstellung davon, wie nacheinander eine Reihe von Subkulturen entstand, die allesamt eine Alternative zu der erfolgreichen Subkulturalisierung des Konsumkapitalismus darstellten. Alles begann mit der Auflösung eines Ethos, das man mit Punk und der »Do it yourself«-Bewegung assoziierte. Daraus entstand die Lebenseinstellung des Postpunk, der zwar immer noch mit den Idealen der Unabhängigkeit und des alternativen Lebens spielte, dabei aber klar zwischen den Sphären der individuellen und der ökonomischen Aktivität unterschied. Dieser Trend erreichte seinen Höhepunkt im Jahr 1991. An das Jahr 1991 erinnert man sich unter anderem wegen der berühmten Dokumentation *1991: The Year Punk Broke*. Der Titel hatte eine doppelte Bedeutung, spielte sowohl darauf an, dass Punk zu diesem Zeitpunkt endgültig den Durchbruch in die Mainstream-Kultur geschafft hatte, als auch auf die Tatsache, dass damals einige erfolgreiche Postpunk-Bands zu Mainstream-Labeln wechselten und der originäre Geist der Bewegung an den Riffen des Kommerzialismus zerschellte. Die kurze Blütezeit des Grunge passt da ins Bild: Grunge war lange Zeit eine kleine, räumlich begrenzte Szene, bis sich Kurt Cobain, die zentrale und übertrieben gehypte Figur, schließlich 1994 umbrachte, weil er mit all diesen Widersprüchen wohl nicht mehr klarkam.

Der zeitgenössische Hipster scheint also aus einer verworrenen Ahnenreihe von Jugendbewegungen hervorgegangen zu sein, die alle versucht hatten, ihre Unabhängigkeit von der Massenkultur zu wahren, eine Alternative zu dieser zu bilden, bevor sie dann doch integriert, gedemütigt und zerstört wurden.

Das führt uns zu einigen explizit politischen Fragen. Obwohl das Hipstertum ja als unpolitisch gilt, gibt es doch zwei einschneidende Momente, die die Bewegung geformt haben und eine historische Periodisierung erlauben, und diese Ereignisse werden auch im Diskurs der Hipster selbst thematisiert. Ich denke an zwei bedeutende Episoden des politischen Aktivismus, die am Ende zwar scheiterten, aber nichtsdestotrotz die politische Sensibilität einer Generation bestimmten: die Proteste während des WTO-Gipfels in Seattle im Jahr 1999 – was erklärt, warum sich Hipster über Themen wie Umweltschutz und globale Gerechtigkeit abwechselnd lustig machen oder sich dafür engagieren – und die Demonstrationen gegen den Krieg im Irak im Jahr 2003, die ebenfalls ohne große Folgen blieben. Die Wahl von Barack Obama 2008 scheint so etwas zu markieren wie die Wiedervereinigung der Apathie und des Engagements, die sich aus der Abneigung gegenüber dem vorhergehenden Präsidenten speiste – niemand, absolut niemand mochte George W. Bush.

Lokalisierung: Es ist charakteristisch für die Hipster-Bewegung der nuller Jahre, dass man sie stark mit bestimmten Vierteln US-amerikanischer Städte verbindet, in denen entweder eine weiße Rekolonialisierung von Gegenden stattfand, die ursprünglich von Angehörigen ethnischer Minderheiten bewohnt wurden, oder die so etwas darstellen wie Subkolonien bestehender Boheme-Biotope. In New York muss man nur die Worte »Lower East Side« oder »Williamsburg« aussprechen, um das Post-1999er-Hipstertum heraufzubeschwören. Die ursprünglichen Bewohner, die verdrängt wurden, waren in diesem Fall Hispanics und Juden. Seit 2009 scheint nun der Stadtteil Bushwick das Epizentrum der Bewegung zu sein.

Robert Lanham hat das Hipster-Territorium in seinem 2003 erschienenen *Hipster Handbook* zumindest für das Nordamerika dieser Zeit schlüssig kartografiert: das Plateau in Montreal, College und Clinton in Toronto, Jamaica Plain in Boston, Capitol Hill in Seattle, Whittier in Minneapolis, Echo Park und Silverlake in Los Angeles, Inner Mission in San Francisco und so weiter.

Differentiae specificae: Es stellt sich die Frage, warum der Hipster ausgerechnet zur Jahrhundertwende aufgetaucht ist und warum es auf der Hand lag – ich denke, es lag auf der Hand –, dass man dieser Figur auch noch diesen mit historischen Konnotationen befrachteten Namen verpasst hat. Die Subkultur hatte ja im Prinzip noch nie ein Problem mit Neologismen oder der Ausbeutung von Slang gehabt: Das gilt für die Emos, ebenso wie für Punks und Hippies. Aber den Hipster gab es ja eigentlich schon. Er war ein, nein, das Andere. Eben die schwarze subkulturelle Figur der späten vierziger Jahre, die am präzisesten in einem Essay Anatole Broyards aus dem Jahr 1948 beschrieben wurde (einer Zeit, in der Broyard noch als Afroamerikaner galt). Diese Hipster-Figur spielt auch eine wichtige Rolle in Ralph Ellisons Roman *Invisible Man* (1952). In den fünfziger Jahren bezeichnete man mit dem Begriff Hipster dann einen weißen Angehörigen einer Subkultur oder der Boheme, der von dem Wunsch der angelsächsischen Avantgarde getrieben war, sich von dem Weißen an und in sich zu lösen und das coole Wissen und die exotische Energie, die Lust und die Gewalt der Afroamerikaner zu erlangen. Die 08/15-Fußnote an dieser Stelle ist natürlich Norman Mailers Essay »The White Negro« aus dem Jahr 1957.

Der Hipster zeichnet sich sowohl in seiner schwarzen als auch in der weißen Inkarnation vor allem durch überlegenes Wissen aus – Broyard hat das in seinem Text auch »Priorismus« genannt. Er bestand darauf, dass das afroamerikanische Hipstertum von dem Gefühl gespeist wurde, dass schwarze Menschen in Amerika von jeher den Entscheidungen mächtiger Institutionen unterworfen waren, die ein Monopol auf Informationen und Wissen innehatten, das Schwarze sich auch durch Karriere und Bildung *niemals* erarbeiten konnten. Die »hippe« Reaktion auf dieses Schicksal bestand nun darin, (rein symbolisch) für sich zu reklamieren, dass es Wissensbestände gab, die eingeweihte Schwarze vor allen anderen entdeckt hatten, ja sogar bevor in diesen Bereichen überhaupt so etwas wie positives Wissen existierte – a priori, sozusagen. Broyard konzentrierte sich dabei auf die verschlüsselte Sprache des hippen Slangs. Dieses symbolische Wissen funktionierte also entweder als Selbstversicherung oder als Kompensation.

Warum aber ist der archaische Begriff aus den fünfziger Jahren zu Beginn des 21. Jahrhunderts plötzlich wieder in aller Munde? Um diese Frage zu beantworten, möchte ich drei Definitionen einführen, die das Auftauchen und die Dauerhaftigkeit des zeitgenössischen Hipsters erklären sollen. Alle drei Definitionen greifen den eben erwähnten Aspekt des Priorismus auf. Ich möchte allerdings vorausschicken, dass moderne Menschen niemals auf die Idee kommen würden, sich selbst als Hipster

Ein Hipster der klassischen Ära: der Jassmusiker Thelonious Monk in der zweiten Hälfte der fünfziger Jahre (© Michael Ochs Archives/ Corbis).

zu bezeichnen. Es handelt sich immer um einen pejorativen Begriff. Es ist aber auch keine eindeutige Beleidigung, die Konturen verschwimmen hier ziemlich stark. Subkulturen haben immer die Figuren des Snobs, des Sammlers und des Connaisseurs gekannt, doch der Anspruch des Hipsters, einen exklusiven Zugang zu irgendeinem Wissen zu haben, funktioniert noch einmal anders.

Der Grund, warum man das Wort Hipster heutzutage tatsächlich meist auf abwertende Art und Weise verwendet, liegt meiner Meinung nach darin, dass die Hipster längst eine dominante Position in der Gesellschaft eingenommen haben – die Subkultur als Elite. Der Hipster orientiert sich (ganz ähnlich übrigens wie die verwandten Gruppierungen der darbenden Künstler und Doktoranden, der Neo-Bohemiens, Veganer, Fahrradkuriere und Skater, der Möchtegern-Proletarier und der postideologische Rest) sowohl an der subkulturellen Rebellion als auch an der Elite und reißt dadurch eine Kluft zwischen diesen Sphären auf, der giftige Dämpfe entströmen.

Erste Definition: (Sie bezieht sich auf die ursprünglichen weißen Hipster.) Die erste Definition ist die bei Weitem engste, sie gilt eigentlich nur für jene Phänomene, die mir selbst in den späten neunziger Jahren auf der Lower East Side als *anders* auffielen. Lassen Sie mich einige Schlüsselbegriffe aufzählen: Trucker-Kappen; altmodische Feinripp-Unterhemden (auch »Wife-beater« genannt), die plötzlich als Oberbekleidung getragen wurden; eine gewisse Amateurporno-Ästhetik; überbelichtete Polaroids; gefakte Holzvertäfelungen; Bier der Marke Pabst Blue Ribbon; »Porno«- oder »Pädophilen«-Schnauzer; Pilotenbrillen; T-Shirts, wie man sie im amerikanischen Herzland trägt, mit Aufdrucken, die für Dinge werben wie den Flohmarkt der lokalen Kirchengemeinde; weiße Tennissocken; die späten (von Rick Rubin produzierten) Platten von Johnny Cash; Tätowierungen natürlich; Alife, eine Gruppe von Typen, die Unternehmen in Sachen Markenpflege berieten und außerdem einen Turnschuhladen betrieben; das *Vice*-Magazin, das 1999 von Montreal nach New York umzog; das im selben Jahr gegründete Modelabel American Apparel, das den Topos der sozialen Verantwortung mit einem Porno-Chic kombiniert, bei dem gehäkelte Hotpants als Kleidung durchgehen. Das waren nur die offensichtlichsten Embleme dieser kleinen, in gewisser Weise überraschenden Subkultur, in der eine nur teilweise nostalgische Sehnsucht für eine suburbane Form der »Weißheit« zur Quelle des A-priori-Wissens wurde. Einer »Weißheit«, die man mit der Kultur der siebziger Jahre assoziiert, als die angelsächsischen Bewohner aus den Zentren in die Vorstädte flohen, aber auch mit den vorgeblich nicht endgültig assimilierbaren weißen

Ethnien der Iren, Italiener, Polen usw. Diese Subkultur rekolonisierte nun die Innenstädte mit einer neuen Ästhetik, wobei man die ganze Geschichte mit den unterschiedlichen Ethnien einfach über Bord warf. Genau wie der »White Negro« einst das Schwarze zu einem Fetisch gemacht hatte, verehrten die weißen Hipster nun die Gewalt, den Instinkt und die Widerständigkeit der weißen Angehörigen der Unterschicht oder der Menschen aus der Provinz.

Zweite Definition: Die zweite, allgemeinere Definition des modernen Hipstertums ist sozusagen eher extensional und geht von den Dingen aus, die nach herkömmlicher Auffassung in den Bereich der »Hipster-Kultur« fallen. Sehen wir uns zunächst die traditionellen Kunstgattungen an. Welchen Filmen, Büchern oder Bands hat man dieses Label in den vergangenen Jahren verpasst? Zu den am häufigsten genannten Beispielen zählen der frühe Dave Eggers, etwa sein Roman *A Heartbreaking Work of Staggering Genius*, und die ersten Ausgaben seines Magazins *The Believer*; die Filme von Wes Anderson, also *Rushmore* und *The Royal Tenenbaums*. (Mir ist bewusst, dass diese Beispiele nicht ganz unproblematisch sind.)

Zur »Hipster-Kultur« würden nach dieser vorläufigen Definition dann praktisch vor allem Kunstwerke gehören, die sich an der alten binären Opposition von Wissen vs. Naivität, erwachsener Reife vs. Welt der Kindheit abarbeiten – wobei diese Filme und Texte auf eine radikale, ja schwindelerregende Weise zwischen diesen Polen oszillieren. Formal haben wir es mit einer Radikalisierung und Ästhetisierung jener Technik des Pastiches zu tun, die Frederic Jameson in den frühen achtziger Jahren als den prototypischen Erzählmodus der Postmoderne bezeichnete. In den genannten Fällen wurde die »blanke Ironie« allerdings durch die Rekonstruktion früherer Ästhetiken und eine formale Perfektion ersetzt, die über jene der zitierten Originale hinausgeht. Wir erleben eine Ironie ohne Sarkasmus, ohne Bitterkeit und ohne kritischen Impetus. Die Reflexivität wird ausschließlich in den Dienst einer Rückkehr zu den Emotionen gestellt, vor allem wo es darum geht, die Welt der Kindheit wiederauferstehen zu lassen.

Im Bereich der Popmusik ist es vergleichsweise schwierig, zu sagen, ob Hipster jemals Musik von Bedeutung gemacht haben. Gerade für New Yorker ist es verführerisch, eine Band wie The Strokes herauszugreifen, die sich allerdings schnell selbst zerstört hat und die ohnehin besser zur ersten Definition passt. Dave Eggers verbündete sich für einen kurzen Moment mit den Flaming Lips, die er für das musikalische Äquivalent seines Hefts McSweeneys hielt – hier wären wir nun tatsächlich wieder bei der zweiten Definition. Wenn man diese Logik ernst nimmt, wenn man also davon ausgeht, dass die Hipster-Kultur durch den Versuch gekennzeichnet ist, mithilfe perfekter Pastiches die tiefen Gefühle der Kindheit zu reproduzieren, dann wäre Belle and Sebastian die Mutter aller Hipster-Bands, auch wenn die harmlosen Schotten auf den ersten Blick nichts mit diesem System zu tun zu haben scheinen. Ich fürchte, dass Sie an genau dieser Stelle aufhören weiterzulesen, aber es war nur so ein Gedanke. (Vielleicht sollte ich hinzufügen, dass *n+1* gelegentlich als Hipster-Publikation bezeichnet worden ist. Die Gründe für diese Einschätzung blieben bislang jedoch im Dunkeln.)

Dritte Definition: (Ich vermute, dass sie den meisten Zuspruch finden wird.) »Hipster« ist ein anderer Name für eine Figur, die man auch schlicht als »hippen Konsumenten« oder mit Tom Frank als »rebellischen Verbraucher« bezeichnen könnte. Der Hipster selbst schafft per definitionem keine echte Kunst. Würde er (oder sie) das tun, wäre er (oder sie) ab diesem Moment kein Hipster mehr. Dass es sich beim Großteil der Menschen, die das Land, welches wir »Bohemia« nennen, bevölkern, um Trittbrettfahrer, Poser, Kunstliebhaber und Fans handelt, nicht um Kunstproduzenten, ist keine neue Beobachtung. Der Hipster ist eine Person, die Konsumentscheidungen – das richtige T-Shirt, die richtige Jeans, das richtige Essen – als eine Kunstform versteht. Er bewegt sich dabei zwar innerhalb der Grenzen des Massenkommerzes, sucht aber dennoch nach Distinktion und Exklusivität.

Wenn dem so ist, wie unterscheidet sich eine solche Person dann von jener uralten Ahnenreihe der Snobs und all den Menschen, die aus einem Gefühl der kulturellen Überlegenheit heraus ironisch mit Gegenständen oder Ritualen der Arbeiter- oder Volkskultur umgehen? Schwierige Frage. Ich vermute, dass der Begriff »Hipster« sich eingebürgert hat, weil es auf einmal Leute gab, die dieses Prinzip des überlegenen Wissens auf drastische oder eigenständige Weise auf die Spitze trieben. Gehen wir ferner davon aus, dass die Phase von 1999 bis in die Gegenwart irgendwelche essenziellen Charakteristika aufweist, die mit diesem Phänomen zu tun haben, so landen wir bei dem Umstand, dass die Möglichkeiten, Geschmack auszubilden und diesen vor allen anderen zur Schau zu stellen, sich angesichts neuer Formen des Online-Kapitalismus ebenfalls radikal verändert haben. So wird es beispielsweise aufgrund des Internets immer schwieriger, ausgefallene oder neue Popmusik zu hören, die nicht alle anderen auch schon kennen. »Hipster« wird somit heute zu einer Bezeichnung für Personen, die über die quasi übernatürliche Inselbegabung verfügen, die winzigen Verschiebungen, die innerhalb der Konsumgesellschaft noch Distinktion erlauben, zu erkennen und aufzugreifen und die es sich leisten können, in den verbleibenden Enklaven zu leben, in denen man solche Stile und Moden noch eher auf der Straße antrifft als (ausschließlich) im Internet.

Ich vermute, dass all diese Definitionen falsch sind, aber nehmen Sie sie bitte als das, was sie sind: Ausgangspunkte für eine hoffentlich aufschlussreiche Diskussion.

Aus dem Englischen von Tobias Moorstedt

Pastiche: Sonderform der Parodie
satirische, komische,
polemische Elemente fehlen

CHRISTIAN LORENTZEN

Ich lag falsch

Nach Charles Bernstein

Ich bin und war zu keinem Zeitpunkt meines Lebens ein Hipster. Dasselbe gilt für alle Mitglieder meiner Familie und alle Freunde, die mir nahestehen. Ich habe in meinem Leben noch keinen Feind, keinen Rivalen, keine Freundin, keinen Lehrer, keinen Kollegen, keinen Kommilitonen, keinen Musiker, keinen Kunden, keinen Tanzpartner, keinen Party-Gast, keinen Barkeeper, keinen Künstler, keinen Sänger, keinen Gitarristen, keinen DJ, kein Model, keinen Arzt, keinen Anwalt, keinen Banker, keinen Fotografen, keinen Redakteur, keinen Autor, keinen Lektor, keinen Piloten, keine Stewardess, keinen Schauspieler, keine Schauspielerin, keinen TV-Star, keinen Räuber, keinen Polizisten, keinen Priester, keine Nonne, keine Hure und keinen Zuhälter getroffen, der jemals ein Hipster gewesen wäre. Es ist wirklich wahr, ich bin in meinem Leben noch keinem Hipster begegnet. Ich bestreite, dass es dieses Phänomen jemals gegeben hat; ich bestreite dies kategorisch, und ich verurteile die Kategorie selbst, ja, ich verachte sie.

Ich bin heute mit der Absicht vor Sie getreten, mich selbst zu verurteilen, mich bei der Öffentlichkeit zu entschuldigen und Sie um Vergebung zu bitten. Ich war Teil eines groß angelegten Betrugs, der bis heute anhält, wenn auch nur auf eine abgemilderte und irgendwie träge Art und Weise. Im Mittelpunkt des Betrugs steht die Behauptung, dass es zu einem gewissen Zeitpunkt angeblich Menschen gab, die man Hipster nannte, die einem Credo namens Hipsterismus folgten und die in ihrer eigenen kleinen Hipster-Sphäre lebten. Die Wahrheit ist, dass es diese Kultur nicht gab und dass die Menschen, die man Hipster nannte, einfach nur jung waren und nicht selten seltsam aussahen. Ich habe mich aus freien Stücken an diesem Betrug beteiligt, meine Komplizenschaft oft verdrängt und bin dabei bisweilen auch egoistischen Motiven gefolgt, um meine Bekanntheit zu steigern oder meine enormen Kreditkartenschulden zu reduzieren. Im Frühjahr 2007 erhielt ich zum Beispiel eine E-Mail von einem Redakteur eines bekannten Magazins:

Hallo Christian,

ich melde mich bei Dir, weil ich bei Dir einen Essay in Auftrag geben möchte, der Teil einer unserer nächsten Titelgeschichten sein soll. Wir wollen damit den Hipster ein für alle Mal beerdigen. Ich denke, dass diese Ausgabe viel Aufmerksamkeit generieren wird und dass Du mit Deinem Stil und Deiner Sensibilität gut dazu passen würdest (ich habe gerade zufällig eine alte Filmkritik zu *Die Tiefseetaucher* gefunden und mir sofort gedacht, dass Du der ideale Mann für den Job wärst). Wir gehen von der Prämisse aus, dass die Hipster, also diese ultracoolen Kids, die mit ihrer Ironie alles in Kitsch verwandeln, das Konzept der Coolness selbst getötet haben. Vor einigen Jahren haben sie Williamsburg übernommen und für einen kurzen Moment einen authentischen neuen Look gelebt, aber heute trägt jeder 18- bis 34-Jährige ein ausgebleichtes GI-Joe-T-Shirt, spielt mit ironischem Grinsen sonntags Bingo und mag Bands wie Matador und Thrill Jockey. Was als organischer, selbstironischer und postmoderner Lebensstil angefangen hat, ist längst zur Kopie einer Kopie geworden – Hipstertum ist ein fester Bestandteil des Sortiments von Urban Outfitters und wird verkauft wie Fastfood.

Diese Diagnose gibt es natürlich schon seit einigen Jahren, aber sie hat nichts von ihrer Gültigkeit verloren. Dein Essay sollte sich mit der Frage beschäftigen, wie etwas in der urbanen Sphäre noch cool sein kann, wenn jeder neue, coole Trend von den plötzlich uncool gewordenen Hipstern aufgegriffen wird. Wie können die Sachen wieder cool werden? Wie kann sich das Konzept der Coolness erholen?
Wir brauchen 1000 Wörter. Deadline wäre der 18. Mai

(oder der 21., wenn es denn unbedingt sein muss). Das Honorar beträgt 2000 Dollar.

Unser Chefredakteur würde Dir gerne mehr über die Titelstrecke erzählen. Lass mich wissen, falls Du daran Interesse hast. Wäre toll, wenn Du darüber mal kurz nachdenken würdest.

Beste Grüße

(Name gestrichen)

Wie nett! Und ein wirklich gutes Honorar! Wie kann sich das Konzept der Coolness erholen? Und wie kann jemand, der »cool« als Bestandteil eines Substantivs verwendet, morgens eigentlich noch in den Spiegel schauen? Na ja, lasst uns cool bleiben.

Auf Geheiß des populären Wochenmagazins führte ich diesen Auftrag aus. Der Essay wurde veröffentlicht. In der folgenden Ausgabe erschien ein Leserbrief, in dem stand, dass der Artikel sich beim Aufklauben von Hundekot als überaus nützlich erwiesen habe, und einige Monate später wurde ich dann auch schon bezahlt.

Ich habe damals natürlich nicht zum ersten Mal Lügen über Hipster verbreitet. Auf der Webseite des Magazins, das diese Veranstaltung hier bezahlt, habe ich zum Beispiel Kritiken über einige Filme veröffentlicht, die von Menschen gedreht wurden, die ich fälschlicherweise als Hipster bezeichnete, da sie sich zu einer Hipster-Ästhetik bekennen würden. Ich gebe zu, dass ich folgende Thesen aufgestellt habe, und möchte sie hiermit widerrufen:

These 1: Das »Problem der Hipster« besteht darin, »dass eine Generation sich weigert, erwachsen zu werden«.

Das war eine Fehleinschätzung. Dass Menschen sich weigern, erwachsen zu werden, dass sie also kindische Dinge und Spielzeuge nicht auf- oder aus der Hand geben und ihr inneres Kind hegen und pflegen, vielleicht sogar in einem Ausmaß, dass sich das innere Kind in ein äußeres Kind verwandelt (mit den Falten eines offensichtlich Erwachsenen), ist überhaupt kein Problem. Im Gegenteil. Kindheit ist die einzige Quelle von Authentizität, die es in Amerika gibt. Es ist die größte und wunderbarste Erfindung Amerikas – unser Geschenk an die Welt. Permanentes Kindischsein ist die ultimative Form der Reife.

These 2: Unsere Generation hat keine künstlerische Leistung hervorgebracht, die von Dauer sein wird – nicht einmal einen anständigen Serienmörder, der es mit Charles Manson aufnehmen könnte.
Hier habe ich mich gleich in zwei Punkten geirrt. Zum einen ist heutzutage einfach jedes Kunstwerk von Dauer. Neue digitale Technologien konservieren die Werke, die auf diese Weise nicht nur für alle Zeiten die eigene Kunsthaftigkeit bezeugen, sondern auch für eine unendliche künstlerische Verbreitung und Reinterpretation sorgen. Jedes Kunstwerk ist heute ein großes Kunstwerk. Zum anderen habe ich die Leistungen der Mörder unterschätzt, die zu Lebzeiten der Gruppe von Leuten tätig waren, die fälschlicherweise als Hipster bezeichnet wurden. Ich habe zwei epochale Events ausgelassen: Wie Gus Van Sants Film *Elephant* zeigt, hätten die Verantwortlichen des Massakers an der Columbine Highschool, so sie nur ihre mörderischen Impulse sublimiert hätten, später auch nach Williamsburg ziehen können. Und aus einer globalen Perspektive muss man festhalten, dass die Attentäter vom 11. September ebenfalls in die soziodemografische Gruppe fallen, um die es heute geht: junge Männer mit Hochschulbildung. Es wurde oft behauptet, dass die Terroristen zusammen mit dem World Trade Center auch die Ironie zerstört hätten. Aber die Jahre gingen ins Land, und das Konzept des Gegenschlags fand immer größere Beachtung, so dass wir endlich einsahen, dass die Ironie nicht am 11. September 2001 gestorben ist. Im Gegenteil. Die Ironie hat 9/11 erst möglich gemacht.

These 3: Hipster leben in einem Zustand des ewigen und luxuriösen Dahinvegetierens. So ist es möglich, dass reiche Menschen

und Menschen, die in schwierigeren Verhältnissen aufgewachsen sind, gemeinsam an dem Projekt arbeiten, bei dem es darum geht, die Klassengrenzen verschwimmen zu lassen. Das Ziel besteht darin, die Grenzen zwischen den Klassen und Rassen vorübergehend außer Kraft zu setzen, um zusammen abzuhängen und miteinander zu schlafen.
Das ist eine Lüge. Wie wir alle wissen, gibt es in den USA gar keine Klassenstruktur. Natürlich gibt es geringe Unterschiede in Sachen Kontostand und Status, aber »wir, das Volk«, sind, wie es die Gründungsurkunden der USA verlangen, »alle gleich erschaffen«, ausgestattet mit gewissen unveräußerlichen Rechten und Lebenschancen, und weisen ab unserem 25. Geburtstag alle einen identischen Grad an Attraktivität für das jeweils andere Geschlecht auf. Um genau zu sein: Auf einer Skala von eins bis zehn landen wir alle bei sieben. Wie singt Laurie Anderson noch? »Let X = X.«

These 4: Hipster, die größtenteils der angelsächsischen Bevölkerungsschicht entstammen, sind stolz darauf, dass sie Freunde aus anderen Bevölkerungsgruppen haben. Sie sehen sich als Angehörige einer postethnischen Generation, weshalb sie sich auch das Recht herausnehmen, rassistische Witze zu machen. Das gehört zu einer postethnischen Gesellschaft einfach dazu.
Das stimmt nicht. Ich habe übersehen, dass Rassismus in Amerika seit den neunziger Jahren kein Thema mehr ist, also seit der Dekade von Bill Clinton, O. J. Simpson, Rodney King und Vanilla Ice. Wenn heute jemand rassistische Bemerkungen macht oder rassistisch handelt, sehnt er sich eigentlich nur nach unserer lasterhaften Vergangenheit zurück.

These 5: Die Zeiten des Indie-Pop sind endgültig vorbei.
Mit dieser Aussage habe ich versucht, Künstler wie Wes Anderson oder Belle and Sebastian zu erledigen. Zu meiner Überraschung haben sie aber mittlerweile ihre Comebacks geschafft. Die Figuren von Anderson haben ihre Secondhand-Klamotten und Cordhosen gegen Designerklamotten eingetauscht. Und die neuen Alben von Belle and Sebastian sind besser produziert als

ihre früheren Aufnahmen. Indie-Pop hat nicht nur überlebt und sich weiter ausgebreitet, sondern er wurde zu einem lukrativen Geschäft. Ich hingegen bin immer noch pleite und habe mir seit 2005 kein neues Kleidungsstück gekauft.

These 6: Hipster haben keine Verwendung für das Konzept der Liebe und sind regelrecht angewidert von allem, was irgendwie erotisch aufgeladen zu sein scheint.
An dieser Stelle habe ich die Realität der Gegenwart offenbar komplett ausgeblendet. Denn eigentlich muss uns und allen unseren Ex-Partnern klar sein, dass die nuller Jahre der vorläufige Höhepunkt der Kulturgeschichte der Liebe waren. Eros hatte eine Machtfülle, die sich selbst die Dichterfürsten der Romantik nicht erträumten. Die Liebenden durchbrachen die Absperrgitter der Anonymität und erlitten spontane Anfälle emotionaler Eloquenz. Die Erregung war ebenso wenig aus unseren Wohnungen zu vertreiben wie Ratten und Kakerlaken. Noch nie sahen Telefonmasten so sehr wie erigierte Penisse aus. Und da draußen waren einfach unglaublich viele Menschen, die man treffen konnte, so viele Menschen, mit denen man irgendwann auch wieder Schluss machen konnte. Die Trennung erledigte man ganz bequem per SMS, und wenn man sich deshalb dann doch schlecht fühlte, schickte man einfach eine SMS hinterher und fragte, ob man sich nicht mal wieder treffen sollte. Es war eine schöne Zeit, so schön, dass man manchmal sogar das Gefühl der Einsamkeit vermisste.

These 7: Der Hipsterismus ist die direkte Folge einer in der Vorstadt verlebten Kindheit. Sobald Hipster ihr Ablaufdatum erreicht haben – 35 Jahre –, müssen sie deshalb zwischen Pest und Cholera wählen: Entweder sie heiraten, pflanzen sich fort und kehren als übergewichtige Version ihrer selbst in die Vorstadt zurück, oder sie vegetieren als alternder Hipster in der Innenstadt vor sich hin.
Das entspricht nicht der Wahrheit. Lee Siegel, mein absoluter Held, beschrieb das Leben der amerikanischen Kernfamilie in Suburbia kürzlich im *Wall Street Journal* vollkommen zu

Recht als reine Ekstase. Ich erinnere mich gerne an meine eigene Kindheit in der Vorstadt; wie ich in den Sommerferien unzählige Stunden damit verbrachte, einen Tennisball gegen die Garage zu werfen, um meine Chancen auf eine professionelle Baseballkarriere zu erhöhen. Im Alter von 13 Jahren konnte ich schon Fahrrad fahren – ich war ein langsamer Lerner – und wurde von meinen Mannschaftskameraden im Basketball-Schulteam dafür verspottet, dass ich Turnschuhe der Firma Brooks trug, nicht von Nike oder Reebok. »Hast du die in der Apotheke gekauft?«, fragten meine Mitspieler. »Nein, die hat meine Mutter besorgt«, antwortete ich. Ich wurde Mitglied bei den Pfadfindern, aber dann riss mich der Sohn der Gruppenleiterin zu Boden, verpasste mir mit dem Knie einige harte Tritte in den Bauch, und ich musste weinen. Solche Erfahrungen stärken den Charakter, und wenn ich sie nicht gemacht hätte, dann würde ich heute nicht vor Ihnen stehen. Ah, es war ein Paradies.

These 8: Es ist möglich, dass Hipster sich zu Abtreibungsgegnern entwickeln.
Ich habe das damals nicht besonders ernst gemeint. Aber spätestens als ich den Film *Juno* sah, wurde mir klar, dass mir dieser Satz nie hätte über die Lippen kommen dürfen. Heute bin ich der Meinung, dass Fortpflanzung für alle Leute unter dreißig Jahren verboten werden sollte – ausgenommen natürlich die Reichen und die Bewohner von Alaska.

These 9: Der Hipster wird zu einer Art alternativem Yuppie, den man sich vorstellen muss wie eine Mischung aus Kurt Cobain und dem New Yorker-*Autor Adam Gopnik.*
An diesem Punkt fehlte es mir offenbar an Fantasie. Was wäre wohl aus Kurt Cobain geworden, wenn es ihm gelungen wäre, seine Depressionen zu überwinden und am anderen Ende des Tunnels die Freuden des Familienvater-Daseins zu genießen? Es ist nicht unwahrscheinlich, dass Cobain an einem Punkt das Rockstar-Leben hinter sich gelassen hätte, zusammen mit seiner Familie auf die Upper West Side gezogen wäre, noch ein paar Kinder bekommen und sein großes Talent genutzt hätte,

um Prosa zu schreiben. Später hätte er sich ganz mit dem weichen, würdelosen Leben des wohlhabenden Mittvierzigers abgefunden, eine Vorliebe für Scamorza entwickelt und eine feste Stelle beim *New Yorker* angenommen. Wenn man es sich genau überlegt, dann sind Kurt Cobain und Adam Gopnik ein und dieselbe Person. Wir alle sind diese Person. Sie und ich und jeder, den wir kennen.

These 10: In der Hipster-Welt wird ein Bürgerkrieg ausbrechen zwischen dem netten Hipster und dem bösen Hipster.
Es ist einfach keine gute Idee, die Zukunft vorhersagen zu wollen. In den zwei Jahren, seit ich diese Prophezeiung abgegeben habe, ist genau das Gegenteil passiert. Die netten und die bösen Mitglieder der jungen Generation haben sich zusammengetan, der Ironie abgeschworen und standen wie ein Mann hinter dem Mann, den sie zu unserem Präsidenten gewählt haben. Ich selbst war natürlich zu beschäftigt, um mich politisch zu engagieren oder zur Wahl zu gehen, aber eigentlich war ich ihrer Meinung. Kurz darauf realisierte ich, dass die Ära, die ich gerade hinter mich gebracht hatte und die von manchen »nuller Jahre« und von anderen »Null-Bock-Jahre« genannt wird, nur eine klar definierte Lebenseinstellung hervorgebracht hat: Nihilismus. Die neue Zeit, in der es Wandel gibt, an den man glauben kann, erfordert jedoch Ernsthaftigkeit. Und in dieser neuen Zeit bin ich ein armseliges Relikt. Ein Hipster der Güteklasse B.

Es bleibt mir nun nichts weiter übrig, als mich bei Ihnen zu entschuldigen. Und ich bitte vor allem die Jugend um Verzeihung. Die Leute, die gerade in ihren Zwanzigern sind. Ich habe von euch gehört. Ich habe gehört, dass ihr das Internet liebt und dass ihr denkt, dass alles gut werden wird. Ich habe gehört, dass ihr am Kokain vor allem schätzt, dass auf Partys das Geschirr sofort abgespült wird, wenn man zuvor ein paar Lines in der Wohnung verteilt hat. Einer von euch hat mir gestern geschrieben und mir Folgendes mitgeteilt:

Hipster ist ein abwertender Begriff für Menschen, die sich für Kultur interessieren. Der Begriff würde gar nicht existieren, wenn dieses Interesse mehr wäre als nur der gelbliche Schaum auf dem großen, flachen Teich der amerikanischen Gesellschaft. Hipster bedeutet Selbstbezogenheit, Verblendung und Affektiertheit, weil keiner in diesem Land glauben kann, dass irgendjemand ein unmittelbares Vergnügen an Kunst empfindet.

Grrr - New York ist Gift.

Ich war dieses Gift. Ich war der toxische Junggeselle. Ich mache mich jetzt aus dem Staub, und ihr könnt weiter voranschreiten und an irgendetwas glauben und unmittelbares Vergnügen empfinden. Ich würde euch nur raten, keine Schulden zu machen.

Aus dem Englischen von Tobias Moorstedt

JACE CLAYTON

Die Vampire von Lima

Ich war gerade einen Monat in Süd- und Mittelamerika auf Tour. Eine Woche verbrachte ich in Mexico City mit dem Regisseur Jem Cohen. In der Stadt lief gerade eine Retrospektive mit seinen Filmen, und er hatte unter anderem Guy Picciotto von Fugazi, T. Griffin, Andy Moor von The Ex und mich eingeladen, um einen Live-Soundtrack für seinen neuesten Film zu kreieren. Jem hatte uns zwar eingeladen, war aber selbst nur ein Gast der Hipster von Mexico City.

Die Hauptfigur der lokalen Hipster-Szene war nett und ein äußerst effizienter Arbeiter. Er hatte eine offensichtliche Vorliebe für enge Jeans und Karo-Hemden, kannte alle guten Restaurants und pflegte einen trockenen bis ausgedörrten Humor. Aber jedem Menschen, der ihn jemals getroffen hatte, blieb vor allem sein Schnurrbart in Erinnerung. Damit wir uns verstehen, es war ein mächtiger mexikanischer Schnurrbart, den er mit einem ähnlichen Stolz trug, wie man eine edle Krawatte tragen würde – Gesichtsbehaarung, die selbst Burt Reynolds vor Neid hätte erblassen lassen. Nach ein paar Tagen stellte ich fest, dass auch einige der anderen mexikanischen Hipster derart eindrucksvolle und anachronistische Schnurrbärte trugen – eben diese Haarstreifen, die aussehen, als hätte man sie per Zeitmaschine aus den siebziger Jahren importiert, retrocool sozusagen, aus der Zeit gefallen und doch sehr weit vorn. In Amerika hätte man viele dieser Jungs vielleicht vorschnell für schwul gehalten. Aber hier im Distrito Federal, der Bundeshauptstadt, bestand der ikonisch-ironische Hipster-Historismus nicht nur aus den üblichen Zutaten, sondern man fügte einige lokale Zeichen hinzu. Aber egal. Eines Tages sprach ich mit dem Hipster-König über den Stadtteil, in dem er wohnte, und er sagte: »Meine Gegend ist so …, wie soll ich sagen, hipstermäßig geworden. Ich ziehe um nach La Roma.« Das Hipstertum und seine Echtzeit-Nebenwirkung, die Hipster-Antipathie, sind also längst globale Phänomene.

Der unerbittlichste Hipster-Gegner, den ich je getroffen habe, stammte aus Lima, Peru. Nennen wir ihn »Carlos«. Ich legte bei einigen Partys in Lima auf, und er berichtete mir bei einer dieser Gelegenheiten über die lokale Hipster-Unterart. Peruanische Hipster sind ein relativ neues Phänomen, damals gab es sie vielleicht seit zwei Jahren. Carlos schrieb der (amerikanischen) Musik-Webseite Pitchfork.com großen Einfluss bei der Entstehung des Limeño-Hipsters zu.

Das peruanische Hipstertum zeichnete sich dadurch aus, dass die Mittelklasse-Sprösslinge, die ihr ganzes Leben lang auf Cumbia-Musik herabgeschaut hatten, nach der Veröffentlichung des Samplers *Roots of Chicha: Psychodelic Cumbias from Peru* plötzlich zu dem Sound tanzten und feierten. *Roots of Chicha* kam auf dem Label Barbès heraus, das von Franzosen betrieben wird und seinen Sitz in Brooklyn hat. Das coole New Yorker Label ermöglichte es den Kids, ihre alte Musik in einem neuen (Disco-)Licht zu sehen: Das war mehr als eine simple Rekontextualisierung, schließlich waren sich alle bewusst, dass dieser unmodische und genuin unhippe Aspekt ihrer eigenen Peruanität plötzlich Bestandteil der globalen Stil- und Modedebatte geworden war – mit Gitarren, Drogen, abgefahrenen Retrotrends aus den Siebzigern, tragischen Flugzeugabstürzen und Retrochic. »Cumbias psicodélicas«, der Marketingbegriff, den die Leute von Barbès erfunden hatten, ist heute ein fester Bestandteil im Wörterbuch der Limeño-Hipster. Immer wieder bitten mich meine peruanischen Freunde, doch einen Stapel von *Roots of Chicha*-CDs nach Lima mitzubringen, die Einfuhrzölle sind dort unten einfach wahnsinnig hoch. Dabei war es übrigens egal, dass man viele der Original-Cumbias, die auf dem Barbès-Sampler zu hören sind, und viele ähnliche Werke ohne Probleme in den Secondhand-Musikläden der Stadt bekommt. Die Preise sind in den vergangenen Jahren zwar gestiegen, aber die Originalaufnahmen sind immer noch viel billiger als das Best-of-Album aus New York.

Diese Tatsache kann man aus unterschiedlichen Blickwinkeln

betrachten: Nörgler werden anmerken, dass die peruanischen Hipster zu viel Geld und ein neokolonialisiertes Gehirn haben. Diese armen reichen Kids schätzen ihre lokale Kultur erst, wenn sie von anderen, cooleren Kulturindustrien neu verpackt und aufgewertet wurde. Carlos war ein großer Anhänger dieser Interpretation und lebte diese Haltung auch dadurch aus, dass er der Tochter eines Drogenbarons verfallen war, der über die Dschungelstadt Iquitos herrschte. In seinen Augen gab es nichts auf der Welt, das realer war als dieses Mädchen.

Die junge Frau, die er in diesem Sommer getroffen hatte, verkörperte Authentizität und Erfahrung. Und da spielte es auch keine Rolle, dass Carlos immer wieder vor dem Computer einschlief, während er darauf wartete, dass sie sich in einen Chat-Service einloggte. Da habt ihr es: Sogar die gefährlich-erotische Realität des Dschungels benötigt ein Medium. Was ich sagen will: Sobald sich ein Mensch ein Bild vom Hipster macht, beschwört ein anderer eine Phantomfigur herauf, die das Gegenteil verkörpert. Die Situation wird deshalb ziemlich schnell surreal, und da vermisst man dann bald die gute alte Hipster-Ironie.

Aber egal. Ich sehe die Limeño-Hipster anders: Sobald sie hören, dass ein Schnipsel peruanischer Musik auf der Weltbühne gespielt wird, klingt der Sound, der zuvor als uncooles, ja piefiges Unterklassenphänomen wahrgenommen wurde, plötzlich offen, zeitgemäß und kosmopolitisch. Selbst wenn man sich der negativen Lesart verschreibt, so ist es doch eine Tatsache, dass die Chicha-Cumbia-Bands nun ein etwas größeres Publikum haben. Eine Tür hat sich einen Spalt breit geöffnet, und nun kann man weiter dagegen anrennen und sie endgültig aufstoßen. Ein Sampler aus Brooklyn hat mehrere Tausend Kilometer entfernt in den wohlhabenden Gegenden von Lima einen akustischen Diskursraum eröffnet, der sogar gesellschaftliche Veränderungen auslösen könnte. Das sollte man eigentlich nicht blöd finden.

Ein anderer Aspekt, der von dem Anti-Hipster-Ressentiment illustriert wird, ist, dass der Siegeszug dieser Figur eng mit der sich immer weiter ausbreitenden Internet-Nutzung zusammenhängt. Die Zeitspanne, in der eine modische Innovation vom individuellen Ausdrucksmittel zum globalen Trend wird, verkürzt sich immer weiter: Ein Outfit wird getragen, auf einer Party fotografiert, bereits wenig später erscheint der erste Blog-Eintrag, ein Artikel in einer Modezeitschrift, und bevor man sichs versieht, hat man es mit einem veritablen Hype zu tun, der vermarktet und verkauft wird. Wann der Hipster in einer der Metropolen der Welt die Bühne betritt, hat vermutlich viel mit dem Internet zu tun – in Peru ist diese Sozialfigur neu und unbekannt, weil das Netz noch relativ langsam und teuer ist. Der Hipster ist ein Nebenprodukt einer zunehmend digital vermittelten Form der Selbstwahrnehmung – sein Auftreten zeigt ganz einfach, dass wir alle eine globale Perspektive auf die Dinge angenommen haben. In Reinform kann man das sowohl auf sozialen Netzwerken wie Facebook oder Webseiten wie LastNightsPartys.com und Nachtagenten.de als auch in den Führungsetagen der Konzerne beobachten. Wobei man sich ohnehin die Frage stellen sollte, was diese beiden Sphären eigentlich noch unterscheidet. Auch damit hängt nämlich die Geburt des Hipsters zusammen.

Eine chilenische Freundin von mir betreibt einen populären Mode-Blog, auf dem sie jeden Tag Schnappschüsse veröffentlicht, die sie auf der Straße gemacht hat. Das Projekt wird von einer großen Turnschuhmarke unterstützt. Das ist die Normalität. Vermutlich bekommt sie auch von anderen Marken ein bisschen Geld dafür, dass sie »authentische« Passanten zeigt, die zufällig deren aktuelle Kollektion tragen. In der Debatte über den Hipster gibt es viele Stimmen, die sich nach einer Zeit zurückzusehnen scheinen, in der es angeblich einen substanziellen Unterschied zwischen dem Underground und dem Mainstream gab.

Wie dem auch sei. Hipster sehen an unterschiedlichen Orten ganz unterschiedlich aus. Und ich gebe gerne zu, dass ich zunächst Probleme hatte, die irgendwie vampirhaften Hipster von Lima überhaupt zu erkennen. Diese Hipster waren nicht so cool wie die Kids in New York oder Berlin, und sie hatten nicht mal einen Bruchteil der westlichen Kaufkraft. In Nordeuropa oder Dubai ähnelt der lokale Hipster sehr stark dem New

Yorker Original. Teenager aus Dubai reisen schließlich regelmäßig nach London, L.A., New York oder Tokio, den Skandinaviern scheint der Sinn für gutes Design sogar in den Genen zu liegen.

Vor einiger Zeit hatte ich einen DJ-Auftritt im österreichischen Graz. Der Backstage-Bereich wirkte auf mich wie die Bedford Street in Williamsburg – fast jeder Typ trug enge Jeans und auffällige Turnschuhe, bunte T-Shirts, Kapuzenpullis und natürlich eine Trucker-Kappe. Das volle Programm eben. Und diese Kids kamen nicht nur aus Österreich, sondern auch aus Kroatien und der Slowakei. Manche Trends sterben allerdings nie vollständig aus, so dass sich unter den wenigen Nichthipstern in Graz auch ein knappes Dutzend weißer Typen mit Dreadlocks fand (ohne Jamaica-Farben) sowie Vertreter anderer europäischer Subkulturen, die hier in den USA nie wirklich angesagt waren.

Wer in den vergangenen zehn Jahren mal nach Spanien und insbesondere Barcelona gefahren ist, der hat vermutlich auch dort ein paar vermeintliche Hipster identifiziert, die einen Vokuhila getragen haben. Dazu sei Folgendes gesagt: In Spanien trägt man den Vokuhila vollkommen unironisch, und zwar schon seit vielen Jahrzehnten. Mit dem Auftauchen der spanischen Ausgabe des *Vice*-Magazins, das 2008 erstmals veröffentlicht wurde, hat das gar nichts zu tun.

Die Frage, die mir beim Betrachten der Hipster-Figur vor allem durch den Kopf schießt, lautet: Was verschweigen wir eigentlich, wenn wir über den Hipster reden? Nur ein Beispiel. Die Kritik am Hipster ist oft verbunden mit der Debatte um Gentrifizierung und urbanen Wandel. Die Rolle, welche die Kritiker selbst in diesem Prozess spielen, bleibt allerdings unerwähnt. Die Hipster werden so zu Sündenböcken, die angeblich mit ihrem Taschengeld die Preise in die Höhe treiben. Die Nichthipster wohnen, nun ja, einfach in einer ähnlichen Gegend, fallen nicht groß negativ auf und verhalten sich ganz neutral. Wir haben es hier mit einem besonders lächerlichen Fall von Selbstbetrug zu tun.

Eine allzu harte Anti-Hipster-Haltung ist natürlich auch eine uncoole Art und Weise, das Problem anzugehen. Das ist ein Grund, weshalb das Hipster-Thema so häufig (selbst)ironisch und in Form polemischer Witze diskutiert wird, was einer produktiven Debatte nicht gerade förderlich ist. Das gilt insbesondere in Bezug auf das Thema Gentrifizierung. Es sind schließlich nicht die Hipster, sondern die Künstler, die als Sturmtruppen der Gentrifizierung fungieren. Und in vielen Fällen sind es die Nachkommen der ursprünglichen Einwohner eines Viertels, die zuerst auf die Idee kommen, dort ein Haus zu erwerben, neue Märkte und Einkommensgruppen zu erschließen und neue Waren zu verkaufen. Zu dem Zeitpunkt, an dem die Hipster üblicherweise in einem Stadtteil erscheinen, hat die Gentrifizierung längst Fahrt aufgenommen. Die auffällige Präsenz unabhängiger kleiner Coffeeshops, in denen weiße Kellner arbeiten, die zwar Tätowierungen tragen, aber nur solche, die man für ein Vorstellungsgespräch verdecken kann, ist eigentlich ein Zeichen dafür, dass diese Gegend in naher Zukunft den Gipfel ihrer Coolness erreicht haben wird.

Ich kann mir gut vorstellen, dass Einwohner von Bushwick ihren Kleiderschrank öffnen und sich denken: »Ich bin kein Hipster. Ich zahle meine Miete selbst und höre ganz unironisch Countrymusik.« Und dann treten diese arroganten, überprivilegierten Leute mit einem blasierten Lächeln und mit dem guten Gewissen auf die Straße, dass es die Hipster sind, die die Gegend zerstören, nicht sie selbst und ihre Freunde. Ich würde sagen, dass es nicht ausreicht, die Diskussion des Hipster-Phänomens ausschließlich auf den Klassenbegriff zu reduzieren. Viel interessanter ist doch das Phänomen der Mobilität zwischen Klassen oder eben das Fehlen dieser sozialen Durchlässigkeit. Nur weil man für einen Apfel und ein Ei als Praktikant bei einem Magazin arbeitet, gehört man noch lange nicht zur Arbeiterklasse. Die Figur des Hipsters scheint unseren Sinn für die Tatsache zu trüben, dass wir alle Komplizen sind, wenn es darum geht, einen urbanen Raum zu gestalten oder zu zerstören. Stattdessen beschuldigen wir den Strohmann in engen Jeans.

Aus dem Englischen von Tobias Moorstedt

II. Podiumsdiskussion

MARK GREIF: Kommen wir nun zum Diskussionsteil unseres Programms. Allison Lorentzen, leitende Redakteurin bei *n+1*, wird die Moderation übernehmen und den Sprechern das Wort abschneiden, wenn sie sich zu verrückt benehmen.

LEAH MELTZER: Mark, du hast vorhin über soziale Mobilität geredet. Wenn ich mich recht entsinne, sprachst du von so etwas wie einer Romantisierung der unteren Mittelschicht. Vielleicht kannst du das noch ein bisschen erläutern?

GREIF: Mir ging der Gedanke durch den Kopf, dass die Haltung, die Norman Mailer damals formulierte, schon ziemlich seltsam ist. Mailer hasst die Mainstream-Gesellschaft, also hasst er auch die Spießer-Gesellschaft. Trotzdem sehnt er sich nach dieser speziellen persönlichen Energie, nach Macht, Kontrolle, Virilität. Später hat er dieses Bedürfnis mal genauer erklärt, und es stellte sich heraus, dass Mailer über die Energie des Orgasmus sprach. Ab dem Zeitpunkt, an dem die Therapie nach Wilhelm Reich keine Option mehr für ihn darstellte, hatte er wohl den Eindruck, dass er diese orgasmische Energie nur noch durch die Vereinnahmung der schwarzen Kultur erreichen konnte.

Als mir die Trucker-Kappen und all die anderen Hipster-Accessoires erstmals auffielen, fand ich an der Figur des weißen Hipsters vor allem Folgendes interessant: Die Anhänger dieser Subkultur hatten offensichtlich ganz unterschiedliche sozioökonomische Hintergründe. Viele Leute haben inzwischen über die Boheme und Subkulturen geschrieben, aber das beste Buch, auch wenn es eher als Satire angelegt war, ist meiner Meinung nach Robert Lanhams *The Hipster Handbook* (2003). Robert Lanham ist heute übrigens einer unserer Gäste und wird, so hoffe ich, einige Fragen beantworten. [Lanham steht im Zuschauerraum auf; Applaus] In seinem Buch gibt es, wenn ich mich recht erinnere, die Kategorie der »WASHes« …

ROBERT LANHAM: Ja, die Waitstaff and Service-Hipster.

GREIF: … der Kellner- und Service-Hipster, die er als integralen Bestandteil der Hipster-Community beschreibt: Menschen aus der unteren Mittelschicht, die aufwärtsstreben, in die Klasse der Künstler und Bohemiens, am Ende aber dann doch als Kellner enden und Leuten, die von sich selbst glauben, sie würden von der oberen Mittelschicht aus nach unten sinken, ein Bier bringen. Ich habe den Eindruck, dass man im Kontext der Boheme immer wieder auf dieses Nebeneinander der Klassen trifft.

Bemerkenswert ist, dass diese beiden Gruppierungen innerhalb des weißen Hipstertums ebenfalls das mailersche Verlangen verspüren. Wie schafft man es, die *Energie* aufzubringen, um rotes Fleisch zu essen, obwohl man weiß, dass es schlecht ist für die Umwelt? Wie bringt man sich dazu, die notwendige Härte und Durchsetzungskraft auszustrahlen, die man braucht, um auf den New Yorker Straßen zu überleben? Tja. Eine Möglichkeit besteht offenbar darin, die Welt der Trailer-Parks und des Country-Sängers Merle Haggard zu beschwören, eine Welt, die eine rituelle, rohe Kraft ausstrahlt, die man selbst nicht anzapfen kann: die Energie der Unterschicht, der weißen Outlaws, der Anderen. Das eigentliche Thema, wenn es um soziale Mobilität geht, sind aber nicht die Neurosen der Mittelschicht-Kids, sondern die Bevölkerungsgruppe, die festsitzt und überhaupt nicht vorankommt. Darum ging es dir doch in deinem Beitrag, Jace, oder?

NICK DELANEY: Vielleicht kann ich den Ball hier aufnehmen und weiterleiten, indem ich die Aufmerksamkeit auf die ökonomische Basis der ganzen Sache lenke. Denken wir über die erste Generation der Hipster nach – also die der fünfziger und sechziger Jahre – und verfolgen den Gedanken weiter bis in die Siebziger und Achtziger, so wird schnell klar, dass es damals immer noch relativ einfach war, aus der bürgerlichen Gesellschaft im engeren Sinn auszusteigen. Man besorgte sich einen Job bei der Post und lebte ein Leben als Bohemien. Das ging sogar in New York City. Heutzutage ist das praktisch unmöglich. Ich frage mich, ob hinter der Romantisierung der Rednecks nicht eine nostalgische Sehnsucht nach einer Zeit steckt, in der man noch einfach das College schmeißen und sagen konnte: »Scheiß auf dieses Hamsterrad, ich werde Briefträger.« Briefe austragen war ein wenig anspruchsvoller Job, der, wenn man die damalige

Kaufkraft des Dollars bedenkt, ziemlich gut bezahlt war. Wenn man heute aus der Bourgeoisie ausbricht, hat man vielleicht ein Fünftel der Kaufkraft eines Yuppies, der gerade von einer Eliteuniversität kommt. In der Vergangenheit konnte man alles hinschmeißen und kam immer noch auf zwei Drittel des Lebensstandards eines Angestellten. Ich glaube, diesen Punkt sollten wir nicht vernachlässigen.

GREIF: Hört sich plausibel an und ist eine andere Erklärung für die Nostalgie der weißen Hipster: die Sehnsucht nach einer Ära, in der die Einkommen gleichmäßiger verteilt waren und die Leute, mit denen man seine Zeit verbrachte, derselben Klasse angehörten wie man selbst.

ANDREW LEVINE: Meine Frage bezieht sich auf den ersten Teil von Jace' Vortrag, als er von seiner Reise nach Lateinamerika berichtete. Am besten stelle ich erst mal meine Frage und erkläre dann, wie ich darauf komme. Die Frage ist: Inwieweit, glaubst du, ist das Hipstertum sowohl in ehemaligen Kolonialmächten als auch in den ehemaligen Kolonien für junge Leute ein Weg, mit den Fragen umzugehen, die der Postkolonialismus aufwirft? Ich spreche diesen Punkt an, weil ich selbst einige Erfahrungen in Frankreich und seinen ehemaligen Kolonien, also in Westafrika und in der Karibik, gemacht habe. Hipster, die man auf Französisch *branchés* nennt, neigen dazu, koloniale Artefakte wie zum Beispiel alte Filmplakate, die in den fünfziger Jahren in den Kolonien produziert wurden, auf die gleiche Art und Weise zu benutzen, wie es amerikanische Hipster mit den Objekten des Country oder des suburbanen Lifestyles tun. Sie besuchen auch gerne Restaurants, die mit kolonialen Motiven spielen. Ich weiß jetzt nicht, ob andere hier auf ihren Reisen ähnliche Erfahrungen gemacht haben, aber es führt mich doch zu der Frage: In welchem Ausmaß ist das Hipstertum der Versuch junger Leute, sich in einer postkolonialen Welt zu orientieren?

JACE CLAYTON: Wenn ich von meinen Erfahrungen in Lateinamerika ausgehe, und die waren in den letzten 15 Monaten sehr extensiv, dann muss ich sagen: gar nichts! In diesen Ländern basiert die Kritik an den Hipstern vor allem darauf, dass diese sich zu sehr an den USA und Westeuropa orientieren.

Buenos Aires, so lautet ein klassisches Vorurteil, ist die Hipster-Metropole von Lateinamerika und importiert seit vielen Jahren neue Ideen und Looks aus Paris und London. Die Leute, mit denen ich in Lima gesprochen habe, mochten alle diese tolle Musik namens Cumbia – man hörte sie überall, in den Taxibussen, an jeder Straßenecke. Die Musikrichtung tauchte aber erst auf dem kulturellen Radarschirm der Peruaner auf, als ein Label aus Brooklyn eine Best-of-Platte herausbrachte – mit schöner neuer Verpackung, einem englischsprachigen Booklet und farbenfrohen Fotos von Menschen, die dreißig Jahre zuvor in Peru große Stars gewesen waren. Für viele Leute in Peru ist der Hipster deshalb ein Versager, der stellvertretend für das allgemeine Scheitern der lateinamerikanischen Gesellschaften steht, sich mit der postkolonialen Welt und all den Möglichkeiten, die diese bietet, auseinanderzusetzen.

GREIF: Und wie war es in Frankreich?

CLAYTON: In Frankreich?

GREIF: Ja, Frankreich ist seltsam, oder? Ich erinnere mich, dass ich 1999 in Paris war und jemand ... Was ist noch mal das französische Wort für Hipster?

LEVINE: Sie nennen sich selbst *branchés.*[5] Einige benutzen einfach das englische Wort und sagen *'eepstair*. Sie kopieren sehr viele englische und amerikanische Slang-Ausdrücke, aber das

5 Hinweis der amerikanischen Herausgeber: Weitere Recherchen deuten darauf hin, dass die Franzosen nur das Wort »Hipster« verwenden, das sie direkt aus dem amerikanischen Englisch übernommen und so als importiertes Phänomen kenntlich gemacht haben. *Branché* ist ein älterer, allgemeinerer Ausdruck, der eher so viel bedeutet wie »trendy«, »vernetzt«, »angesagt« etc. Ein hipperer Begriff für *branché* scheint *branchouille* zu sein, ein Wort, das erst kürzlich durch eine die Aussprache betreffende Mutation entstanden ist. Ein härterer, abwertender französischer Begriff, der nahe an das amerikanische »Hipster« herankommt, ist *bobo*: Ein *bobo* gibt sich cool, ist allerdings wohlhabend. Er behauptet, Kunst zu machen, kauft sich aber teure Schuhe; er tut radikal, hängt aber an seinen Privilegien. Wir haben es dabei mit genau jenem Kunstwort zu tun, das einst der düstere konservative Kommentator David Brooks geprägt hat. Er unterstützte dieses Aushöhlen des Radikalismus, indem er die Wörter »Bourgeois und »Boheme« miteinander verknüpfte – ursprünglich französische Wörter, die im 19. Jahrhundert ins Englische importiert wurden. Wir bedanken uns an dieser Stelle bei unseren Lesern Elizabeth Stark und Cédric Duroux für ihre hilfreichen Hinweise.

französische Wort, das sie am häufigsten verwenden, ist *branché*.

GREIF: Ich erinnere mich also, wie jemand zu mir sagte: »Komm, wir nehmen dich mit in diese coole Bar.« Die Ästhetik dieser coolen Bar lehnte sich dann im Wesentlichen an den Kolonialismus in Indochina an. Wir saßen also in einer Rikscha, während verkleidete »orientalische« Kellner die Drinks servierten.

CLAYTON: Ich versuche, solche Orte zu meiden. Aber es stimmt, dieser postkoloniale Chic existiert – eine Nostalgie nach den Zeiten, in denen die Leute weniger aufgeklärt waren.

LEVINE: Ich glaube, ich war tatsächlich auch schon mal in der Bar, von der Mark erzählt hat. Irgendwer hat mich mitgenommen ...

GREIF: Großartig, nicht wahr? Eine solche Bar gibt es in ganz Europa nicht noch einmal ...

LEVINE: Das sind jedenfalls genau die Phänomene, die ich meinte. Die Restaurant-Besitzer spielen Lieder aus den fünfziger Jahren, die das Leben in Vietnam oder Westafrika oder sonst wo romantisieren. Ich weiß aber nicht, ob es das nur in Frankreich gibt oder ob auch Spanien, Holland und Portugal solche Zeitkapseln haben, in denen das koloniale Leben erneut aufgeführt wird.

CHRISTIAN LORENTZEN: Mich erinnert das an eine Stelle aus Norman Mailers »White Negro«-Essay, die Mark nicht erwähnt hat. Wenn ich es richtig im Kopf habe, schreibt er ganz am Ende, dass die Weißen sich in dieser Zeit am meisten vor der Vermischung der Rassen fürchteten – damals galten noch die Jim-Crow-Gesetze. Glaubst du, dass die Hoffnung auf eine solche Durchmischung gewisse Parallelen zum Konzept des Postkolonialismus aufweist?

GREIF: Nun ja, Mailer und die anderen intellektuellen Snobs, über die ich mich wirklich nicht lustig machen will, betonen gerne, das große Problem bestehe darin, dass sich die Gemeinde der »bösen Weißen« vor dem multiethnischen Melting Pot fürchte. Mailer und Co. sind in dieser Logik natürlich die »guten Weißen«. Man träumt ja schon seit den vierziger Jahren des 19. Jahrhunderts davon, dass die sukzessive Durchmischung der Gesellschaft den amerikanischen Rassismus auf organische Art und Weise abschaffen werde. Das mag mit einer Art von Edelmut zu tun haben, vor allem aber vermutlich mit der Tatsache, dass die einzige Alternative zu dieser schwammigen Haltung darin bestünde, für substanzielle Gerechtigkeit zu sorgen und Reparationen zu bezahlen. Aber zurück zu unserem eigentlichen Thema, den Hipstern. Wollen wir jetzt wirklich behaupten, dass es sich bei diesen Typen mit ihren Trucker-Mützen, Gürtelschnallen und Schnurrbärten um die Avantgarde einer Kultur handelt, in der die Klassengrenzen durchlässiger und die ökonomische Polarisierung weniger ausgeprägt ist als im Amerika der Gegenwart? Eine Kultur der Klassendurchmischung also? Diese These haben wir heute ja schon mal gehört. Ich bin mir nicht so sicher. Aber das ist natürlich eine sehr viel optimistischere Lesart …

ALLISON LORENTZEN: Bevor ihr euch untereinander noch weitere Fragen stellt, sollten wir uns dem Herrn widmen, der am Mikrofon steht.

ANDREW PINA: Vor Kurzem habe ich einen lustigen Artikel auf TheOnion.com gelesen. Die Schlagzeile lautete in etwa: »Hipster-Clique findet heraus, dass ein alter Freund eigentlich ein Obdachloser ist.« Im Text hieß es dann, dass die Hipster und der Penner viele Jahre im selben Secondhand-Laden eingekauft, dieselben Biersorten getrunken hatten usw. Witziger Artikel. Welche Beziehung haben die sogenannten Hipster zu den eigentlich armen Leuten, zur Unterschicht? Versuchen Hipster, diesen Leuten zu helfen?

GREIF: [In Richtung des Publikums] Hat dazu jemand eine Meinung?

DAVE CLOONEY: Es scheint so, dass beide Hipster-Generationen, sowohl die der vierziger und fünfziger Jahre als auch die aktuelle, in Phasen des wachsenden Wohlstands auftauchten, der freilich nicht unbedingt gleichmäßig verteilt wurde. In den fünfziger und frühen sechziger Jahren befinden wir uns noch mitten in der Nachkriegszeit. Unsere großen wirtschaftlichen Konkurrenten lagen am Boden, und die großen Erdölfirmen traten zum ersten Mal auf den Plan. In Tom Wolfes Essay-Sammlung *The Pump House Gang* aus dem Jahr 1968 gibt es eine ganze

Reihe von Texten über junge Menschen Mitte zwanzig – entfremdete junge Leute mit zu viel Geld und wenig Verpflichtungen. Sie konnten surfen gehen, in der Rock 'n' Roll-Szene abtauchen oder sich in London den Mods anschließen.

Später gab es dann einen weiteren ökonomischen Aufschwung, von dem allerdings wieder nicht alle Menschen gleichmäßig profitierten. Die Konsumenten hatten nun jedoch Zugriff auf Kreditkarten, Sofortkredite sowie undurchsichtige Hypothekenkonstruktionen und verfügten daher scheinbar über unbegrenztes Kapital. Davon profitierten dann auch wieder die entfremdeten Mittzwanziger, die einmal mehr keine großen ökonomischen Einschränkungen erdulden und ihr Geld nicht auf einer Farm oder in einer Fabrik verdienen mussten. Wir haben es also mit einer Konsumenten-Bewegung zu tun. Es gibt haufenweise Geld, das nur darauf wartet, ausgegeben zu werden, und genau genommen erwartet die Gesellschaft von der Jugend auch gar nicht, dass sie sich für irgendetwas anderes als das Geldausgeben interessiert. Das ist ihr Job. Und weil die jungen Menschen nicht ihr eigenes Ding machen können, kannibalisieren sie eine ältere, authentischere Kultur – und befeuern so den Konsumismus. Man hat beinahe den Eindruck, als ob der Kapitalismus in bestimmten Phasen ganz automatisch diesen Pfad einschlägt. Es geht also gar nicht darum, ob die Hipster irgendetwas mit Obdachlosigkeit oder sozialen Problemen oder einer Kritik an der Klassenstruktur zu tun haben. Das Gegenteil ist der Fall: Sie widmen sich einem endlosen Diskurs über Ästhetik und Geschmack, anstatt sich tatsächlich mit Politik und der Klassengesellschaft auseinanderzusetzen.

SAMUEL DWYER: Ich glaube, dass im Kern der Hipster-Bewegung durchaus eine gewisse Intellektualität steckt. Wenn das wahr ist, und wenn *n+1* eine Hipster-Publikation ist – sind dann die Hipster nicht das Beste, das uns gegen Ende der Bush-Jahre passiert ist?

C. LORENTZEN: Ich bestreite, dass der Hipster im Kern ein Intellektueller ist. Ich kann das sagen, ich habe nämlich zwei Jahre in Williamsburg gelebt. Wenn ich an anderen Orten Leuten begegnet bin, die wie Hipster aussahen, waren die meistens recht belesen. In Williamsburg sah allerdings jeder so aus, und die meisten Leute, oder zumindest sehr viele Leute, hatten keine Ahnung.

A. LORENTZEN: Wo hast du gewohnt, als du diese belesenen Menschen getroffen hast?

C. LORENTZEN: Park Slope, Windsor Terrace, Fort Greene, Clinton Hill, Cambridge und Somerville. Bestimmt aber nicht in Hopkinton, Massachusetts – dort sah es dann noch einmal ganz anders aus.

DWYER: Aber jagen nicht alle diese unterschiedlichen Menschen ein und derselben Sache hinterher?

C. LORENTZEN: Nein, sie sind einfach nur auf der Jagd … Viele von ihnen arbeiteten übrigens in der Modebranche.

A. LORENTZEN: Wann hast du in Williamsburg gewohnt?

C. LORENTZEN: Ich bin 2005 angekommen und 2007 wieder geflüchtet. Es gab da diesen Vorfall, als ich einmal frühmorgens nach Hause kam und bei dem Versuch, die Tür zu öffnen, die Klinke abbrach. Ich wollte dann durchs Badezimmerfenster in meine Wohnung einsteigen. In einer ähnlichen Situation hatte ich das schon mal geschafft, indem ich Mülltonnen aufeinanderstapelte und hochkletterte. Dieses Mal aber war ich ein wenig angetrunken und … Nun, sagen wir, die Kletterexpedition hat nicht sonderlich gut funktioniert. Einige meiner Nachbarn, die ich entweder mit dem Mülltonnengeklapper geweckt hatte oder die eh schon wach waren, haben dann meinen Vermieter angerufen, der mich schließlich in die Wohnung ließ. Eine ziemlich peinliche Angelegenheit – und ein guter Anlass für einen Tapetenwechsel.

MAUREEN »MOE« TKACIK: Ich würde gerne versuchen, einen allgemeineren Zusammenhang zwischen den wirtschaftlichen Rahmenbedingungen der Gegenwart und der Frage herzustellen, was die Hipster-Bewegung denn nun genau bedeutet. Ich glaube, dass die zunehmende Verbreitung der Hipster – und der Anti-Hipster – in gewisser Weise die Funktion hat, unserer Generation die Trugschlüsse und die Fehler der neoliberalen Ideologie und des Deregulierungswahns deutlich zu machen. In diesem Fall eben die Fehler der Deregulierung der Kultur.

Ich denke, dass alle Leute in diesem Raum, ja dass die meisten Menschen meiner Generation in einer Zeit aufgewachsen sind, in der das drängendste Problem nicht länger die mangelhafte Versorgung mit knappen Nahrungsmitteln, Energieträgern oder Rohstoffen war. Diese Güter waren – zumindest scheinbar – im Überfluss vorhanden. Was uns in der weißen Vorstadt allerdings wirklich fehlte, war Kultur. In den neunziger Jahren musste man viele Hürden und Stoppschilder überwinden, wenn man Teil einer Subkultur werden wollte. Es war ein langsamer, beinahe bürokratischer Prozess. Man musste erst einmal lernen, was genau eigentlich Fanzines waren, und Magazine wie *The Face* entdecken – das war dann aber wirklich ein Durchbruch. Wenn man diesen exklusiven Zugang allerdings nicht hatte, dann blieben die Subkulturen für immer ein fremdes Mysterium. Es gab so viele Dinge, die man sich selbst beibringen und herausfinden musste.

Dann aber kam das Jahr 1999, und die Subkulturen wurden vom Internet dereguliert. Zunächst schien das damals doch eine großartige Sache zu sein, oder? Wenn man sich im prädigitalen Zeitalter mit einer Subkultur wie zum Beispiel Punk, Rockabilly oder Indie-Pop befasste, dann gab es klare Erkennungssignale und die Intuition der Türsteher, es gab Regeln und Grenzen; dann aber hatten wir es plötzlich mit dem Internet zu tun, diesem riesigen pulsierenden Etwas, das man nicht richtig verstand. Das führte dazu, dass man gar nicht mehr genau wusste, wie man Menschen – und Mitglieder von Subkulturen – nun einordnen sollte. Die einzige Möglichkeit, die blieb, war, zu schauen, ob sie Klamotten von American Apparel trugen. Der Erfolg von American Apparel war übrigens auch nur dank der Deregulierung möglich: Ohne günstige Kredite hätten die niemals in zwei Jahren mehr als 200 Läden eröffnen können. In der Geschichte des Einzelhandels war das eine Sensation.

So habe ich unsere Generation wahrgenommen – zumindest vor dem Zeitpunkt, als wir tatsächlich erwachsen wurden und im Zuge der jüngsten Börsenblase mit ansehen mussten, wie manche unserer Altersgenossen unglaublich viel mehr Geld verdienten als wir. »Wer zum Teufel braucht einen

Drei-Millionen-Dollar-Bonus? Das ist doch überflüssig!« Es war in den Jahren zwischen 2001 und 2008 nie einfach, das Leben in New York, Philadelphia oder Chicago zu finanzieren, aber es war immer irgendwie möglich. Ich erinnere mich, dass in Philadelphia plötzlich alle meine Bekannten begannen, sich Häuser zu kaufen, und dank der – wie wir nun wissen – fiktiven Wertsteigerung immer neue Kredite finanziert bekamen. Eine Immobilie war so etwas wie ein Geldautomat. Wir machten uns keine Sorgen. Im Zweifel fand man schon einen Job in einer trendigen Agentur, für die man banale Werbeslogans schreiben konnte. Erst jetzt haben wir realisiert, dass es keine besonders gute Idee war, die immer breiter werdende Einkommenskluft in unserer Generation über all die Jahre mit immer neuen chinesischen Krediten zu finanzieren.

Heute ist uns das instinktiv klar. Doch diesen Instinkt hätten wir nicht entwickelt, wenn wir nicht mit eigenen Augen gesehen hätten, wie sich die Hipster von coolen Leuten, die uns früher immer ein wenig eingeschüchtert haben, in komplette Idioten verwandelten.

FRAGE AUS DEM PUBLIKUM: Nur um etwas klarzustellen: Was wurde von den Chinesen finanziert?

GREIF: Unsere Schulden.

TKACIK: Das andauernde Wachstum der amerikanischen Wirtschaft und die damit einhergehende Ungleichheit. Die dramatische Expansion des Finanzsektors zum Nachteil jeder anderen Branche – mit Ausnahme vielleicht der Gesundheitsversorgung.

GREIF: Und ... ?

TKACIK: Habe ich recht damit? [Gelächter im Publikum]

ROB OAKLEY: Ich frage mich vor allem, was die Hipster-Bewegung, was immer sie nun genau war oder ist, für die Zukunft Amerikas bedeutet. Ich habe gerade Richard Floridas *The Rise of the Creative Class* und einiges mehr über den Aufstieg der Kreativen gelesen. Jace Clayton hat in seinem Vortrag die Künstler ja als – wie ging das noch mal, es hat mir gut gefallen – »Sturmtruppen der Gentrifizierung« bezeichnet. Was passiert nach der Immobilienkrise? Wird der Hipster als urbane Figur verschwinden und bald in den Vorstädten hausen? Werden die

Beispiele von Omaha und Austin Schule machen? Dort hat inzwischen jeder einen Breitbandzugang zum Internet und muss nicht mehr in die Innenstadt, um herauszufinden, was gerade so los ist. Zugang zu Informationen ist ja ein zentraler Faktor in diesem Kontext. Die Obama-Regierung will immerhin den Erfolg des staatlichen Elektrifizierungsprogramms der dreißiger Jahre, das jedem Haushalt einen Anschluss ans Stromnetz bescherte und das Land in die Zukunft katapultierte, wiederholen und jedem Haushalt einen Zugang zum Glasfaserkabel bescheren. Was bedeutet das für den Hipster? Spielt es noch eine Rolle, ob er in der Stadt lebt oder gleich im Netz?

CLAYTON: Eine provokante Frage. Eigentlich mag ich die Vorstellung der Stadtflucht der Hipster. Auf einmal würden alle Pabst Blue Ribbon trinken und abnehmbare Gürtelschnallen tragen.

OAKLEY: Alle werden zurück nach Milwaukee gehen oder wo auch immer sie herkommen.

GREIF: In einem Artikel in der siebten Ausgabe von *n+1* hat sich Jace intensiv mit den kulturellen (vor allem der Musik) und ökonomischen Aspekten der europäischen Hausbesetzer-Szene beschäftigt. Das haben sich bestimmt schon viele von uns gefragt: Werden wir in Zukunft auch in Amerika mehr Häuser und Wohnkomplexe haben, die von Künstlern und Außenseitern besetzt werden? In der kalifornischen Stadt Stockton zum Beispiel könnte man sein Atelier ohne Probleme in einem der neuen Einfamilienhäuser aufmachen, die von den eigentlichen Bewohnern wegen der Immobilienkrise verlassen wurden. Man müsste halt nur ein bisschen motivierter sein und, und …

A. LORENTZEN: Kommt da nicht die Band Pavement her?

GREIF: Ja, Stockton ist die ursprüngliche Heimat von Pavement, was gut zum Thema passt, vor allem ist Stockton aber die Hauptstadt der Zwangsvollstreckung. In keiner anderen Kommune in Kalifornien, wenn nicht gar im ganzen Land, werden mehr Hausbesitzer aus ihren plötzlich wertlosen Immobilien geworfen. Gibt es Künstler, die ganze Gebäudekomplexe besetzen? Weiß jemand etwas darüber? Werden zwangsgeräumte Häuser von den Breitband-Hipstern besetzt? Oder sollte ich eher sagen von Künstlern?

CLAYTON: Irgendwie lustig ... Die Künstler und Kulturunternehmer als Vorhut, der die Hipster nachlaufen. Mir fällt dabei ein, dass die Herausgeber von Crimethinc, einem der erfolgreichsten alternativen Verlage (man kann die Bücher im Bowery Poetry Club und in den über die USA verstreuten Filialen einiger Coffeeshop-Ketten kaufen), seit einigen Jahren in einem Vorstadtdomizil – einer Art McMansion – irgendwo zwischen Oregon und Kalifornien leben und arbeiten. Wenn sie dort ausziehen, kommen wahrscheinlich die Hipster.

JOSH STANLEY: Ich habe eine hypothetische Frage. Das Hipstertum wird in dieser Diskussion als ein Phänomen beschrieben, das nur im Kapitalismus auftaucht oder sogar eine Reaktion auf dieses System darstellt oder zumindest auf die besondere Epoche, in der wir leben, und gerade deshalb scheint das Thema ja auch so interessant. Vielleicht sind die Hipster aber doch nicht so interessant, weil sie möglicherweise kein zeit- und systemspezifisches Phänomen darstellen, sondern nur eine grundlegende Notwendigkeit des Kapitalismus verkörpern, eine Art homogenisierenden Impuls, der entsteht, während sich der Kapitalismus weiter ausbreitet. Ich glaube nicht, dass der Weg, den der Kapitalismus historisch genommen hat, nur eine von mehreren kapitalistischen Alternativen war, sondern dass der Kapitalismus genau diesen Weg notwendig macht. Und ich denke, dass die Weigerung, anzuerkennen, dass es so etwas wie Klassen und ein (je nach Land unterschiedlich ausgeprägtes) Klassenbewusstsein gibt, das sind ja zwei verschiedene Dinge, eines der Grundübel des heutigen Kapitalismus darstellt. Vielleicht sollten wir darüber auch mal sprechen ...

GREIF: Aus den Fragen und Thesen, die wir bislang aufgeworfen haben, lassen sich mindestens zwei Positionen ableiten. Erstens: Das Hipstertum ist ein Mechanismus der Distinktion. Jeder versucht, sich mit zunehmend trivialen Mitteln von anderen Menschen abzugrenzen, und verliert so den Blick für das Wesentliche. Zweitens: Das Hipstertum ist eine Kraft, die eine universale Konsumkultur des »Rebellen« hervorbringt. Jeder kann dazugehören, indem er sagt: »Ich steige aus« – und ab dem Moment gehört er dazu.

STANLEY: Eine Möglichkeit, die beiden Positionen zusammenzubringen, wäre vielleicht die These, dass der Kapitalismus qualitative Abgrenzungsmerkmale schon immer in quantitative Unterscheidungen umgewandelt hat.

PADDY JOHNSON: Meine Frage bezieht sich auf den Umgang mit dem Begriff »Nostalgie«, der heute schon recht oft gebraucht wurde, vor allem im Kontext des kulturellen Konsums. Glaubt ihr, dass Nostalgie wirklich der richtige Begriff ist? Für mich würde das bedeuten, dass wir uns nicht länger über die Achtziger-Jahre-Sitcom *Charles in Charge* unterhalten. Aber meiner Meinung nach läuft diese Unterhaltung weiter.

GREIF: Warum sollte Nostalgie uns davon abhalten, über *Charles in Charge* zu reden?

JOHNSON: Es geht doch um die Sehnsucht nach der Vergangenheit – da ist etwas, das man einst geliebt hat, das aber nicht länger existiert.

GREIF: Aber *Charles in Charge* wurde doch Anfang der neunziger Jahre abgesetzt?

JOHNSON: Und trotzdem ist die Sendung noch immer präsent. Wir unterhalten uns noch immer über die Figuren und ihre Witze. Wir haben nie damit aufgehört.

C. LORENTZEN: Ich hing eine Weile recht häufig mit einem Typen rum, der die ganze Zeit von der Sitcom *Gimme a Break!* geredet hat. Irgendwann fing ich an, ihn zu meiden.

GREIF: Ich glaube nicht, dass das die Frage beantwortet. Ich habe das Gefühl, dass eine unsichtbare Barriere zwischen uns und der Fragestellerin liegt. Ich glaube, wir reden vollkommen aneinander vorbei. Hat jemand anderes eine Idee? Ich fürchte, wir hier oben stehen gerade ein bisschen auf der Leitung.

ZUSCHAUER: Geht es um den Unterschied zwischen Boheme und Neoboheme? Alle sprechen vom Jahr 1999. Ich kann mich allerdings nicht daran erinnern, was damals los war, außer, dass ich mein Highschool-Zeugnis bekommen habe und …

GREIF: Genau das ist damals passiert: Du warst mit der Highschool fertig.

A. LORENTZEN: Ich auch, übrigens.

ZUSCHAUER [zu Paddy Johnson]: Wolltest du vielleicht die

Frage stellen, ab welchem Punkt Ironie sich in Nostalgie verwandelt?

GREIF: Ist das dein Punkt? Dass Nostalgie in Wirklichkeit eine eher langfristige, ja permanente Haltung zu den …

JOHNSON: Ja, ich glaube, das ist näher an dem Punkt, den ich ansprechen wollte.

GREIF: Ich weiß nicht, ob das als Antwort durchgeht, aber viele Leute haben darauf hingewiesen, dass sich in der frühen Phase der aktuellen Hipster-Bewegung (wenn man mal von meiner provisorischen Periodisierung ausgeht) alles um Erinnerungen an die siebziger Jahre drehte, dass man also den Stil und die Klamotten wiederentdeckte, die Mama und Papa trugen, als man selbst geboren wurde. Nehmen wir mal 1999 als Schlüsseldatum und gehen wir etwa 25 Jahre zurück, dann landen wir im Jahr 1974. Es ist ja klar: Man war klein und sah tolle Leute, die man liebte, und die hatten Jogginganzüge und solche Sachen … Diese Ära scheint den ersten Hipstern die Vorlage für ihren Stil und ihre Haltung geliefert zu haben.

Der Hipster von heute widmet sich jedoch meiner Ansicht nach der Rückbesinnung auf die achtziger Jahre. Lass mich kurz rechnen. Du bist jetzt vielleicht 25 Jahre alt, das heißt, Mama und Papa trugen damals Leggins und Stulpen – so heißen die Dinger doch, oder? – und übergroße T-Shirts und all dieses Zeug.

Wenn wir das Hipstertum als komplexes Phänomen betrachten, bei dem die »Nostalgie« für Moden und Objekte aus der Vergangenheit eine zentrale Rolle spielt, dann liegt darin auch eine Gefahr. Du erinnerst dich also an *Charles in Charge* und … Wer war noch mal der Hauptdarsteller? Scott Baio?

PUBLIKUM [vollzählig und einstimmig]: Ja!

GREIF: Du erinnerst dich also an Scott Baio und deine Sehnsucht nach Scott Baio und die *Tiger Beat*-Poster in deinem Kinderzimmer: All das klingt für mich nach einem klaren Fall von Nostalgie. Aber ist dieser Aspekt des Hipstertums nicht irgendwie beunruhigend? Das würde ja bedeuten, dass das Hipstertum, falls es denn überleben sollte, aus nichts anderem als aus Sehnsucht besteht. Und die Objekte dieser Sehnsucht würden alle zehn (oder besser alle fünf) Jahre, Mikrogeneration für Mikrogeneration (mit diesem Maß werden Modezyklen ja anscheinend im Moment gemessen) ausgewechselt. Jede Mikrogeneration würde sich dann einfach nach den Dingen aus der Zeit sehnen, in der ihre Angehörigen geboren wurden. Egal was Mama und Papa auch in der Zeit getragen haben mögen, als sie noch richtige Erwachsene waren und man selbst ein kleiner Zwerg.

Findet ihr das nicht beunruhigend? Das ist schon ein Problem, das mir große Sorgen bereitet. Denn das würde ja bedeuten, dass das, was wir uns unter »Hipstertum« vorstellen, also eine ernsthafte Rückbesinnung auf die Vergangenheit, nichts anderes wäre als ein infantiles Verlangen, die Identität der Leute, die wir damals als starke Erwachsene wahrgenommen haben, zu rekonstruieren. Während wir noch immer schwache Kinder sind. Ging es bei deiner Frage um solche Sachen?

JOHNSON: Ich glaube, damit ist meine Frage beantwortet.

MANOAH FINSTON: Ich stimme dir vollkommen zu. Ich glaube, es gibt eine seltsame Verbindung zwischen der Authentizität und dem Hipster. Für mich hat Erinnerung eine bestimmte Ambivalenz. Mit jeder Generation schrumpft unsere Aufmerksamkeitsspanne und damit auch der Horizont unserer Erinnerung. Redet man also über den Ursprungsmoment, die Tatsache, dass sich Menschen, die heute in ihren Zwanzigern sind, nach den achtziger Jahren sehnen – klar: Es ist das, an was sie sich erinnern.

Aber man könnte auch behaupten, dass die Hipster dem Weltkulturerbe einen großen Dienst erweisen, weil sie die Authentizität der Vorgänger-Generation konservieren. Wenn man ein Hipster sein will, bedeutet das, permanent und obsessiv daran zu arbeiten, *real* zu sein. Hipster sind die »echten« Leute, und ihr Leben ist authentisch, und die Erfahrungen, die sie machen, sind bedeutungsvoll. Wenn man also in den McKibbin-Lofts in Bushwick wohnt, Bettwanzen hat und das Leben richtig ätzend findet, dann ist man *real.*

Ich frage mich, ob dieses unbedingte Verteidigen der Authentizität der Vorgänger-Generation – die *Tiger Beat*-Poster und

Scott Baio und was weiß ich – nicht auch eine nützliche und produktive Komponente enthält. Vielleicht kann man diesen Aspekt dem abgedroschenen Stigma entgegensetzen, mit dem die Hipster geschlagen sind. Also dem Vorwurf, sie seien Nihilisten, die keinen Wert kennen außer dem Vergnügen, die an nichts glauben und kein Ziel verfolgen.

Die Hipster sind also so etwas wie die Bewahrer der gerade eben erst vergangenen Vergangenheit. Vielleicht ist das der positive Beitrag, den diese Kultur leistet. Ich frage deshalb alle Anwesenden: Könnt ihr euch vorstellen, dass der Hipster eine derartige positive Dynamik entfaltet? [Schweigen auf dem Podium]

A. LORENTZEN: Wollt ihr etwas dazu sagen?

GREIF: Ich würde das gerne dem Publikum überlassen. Klar gibt es eine positive Sichtweise ... Ich meine, das war eine sehr überzeugende Interpretation der Tugenden des Hipstertums.

BRIAN GALLAGHER: Ja, aber ist das wirklich so? Man bewahrt manche Dinge, aber man bewahrt vor allem totalen Mist. Ist es wirklich von Belang, ob die Erinnerung an *Charles in Charge* bewahrt wird? Wenn schon, dann sollte man wenigstens versuchen, Erinnerungen und Werke zu schützen, die das auch verdient haben; aber anstatt darauf zu bestehen, wie großartig Nirvana doch war, was für eine tolle Band, feiert man das Andenken an die Achtziger-Jahre-Pop-Größe Debbie Gibson. So sieht die Hipster-Routine doch aus, man beschützt Dinge, die absolut nutzlos sind.

C. LORENTZEN: Das erinnert mich daran, als ich einmal zu einem Konzert der Softrock-Gruppe Air Supply im Hinterland von New York eingeladen war. Ich glaube, dass es bei dem Kultur-»Schutz«, den die Hipster gegenüber Dingen wie *Charles in Charge* betreiben, vor allem darum geht, sie aus ihrem ursprünglichen Kontext zu lösen und zu betrachten. Wir werfen nur einen kurzen, lüsternen Blick auf *Charles in Charge*, stellen dann die DVD in die Ecke und widmen uns Air Supply. Ich glaube nicht, dass es einem höheren Zweck dient.

GREIF: Über eine Sache haben wir jetzt noch gar nicht geredet. Den Umstand, dass in den späten neunziger Jahren parallel zu den Hipstern noch eine weitere Jugend-Subkultur entstand, nämlich die der antikapitalistischen Globalisierungsgegner, an die wir uns alle gut erinnern. In welchem Jahr fand noch mal die WTO-Konferenz statt? [Verliert den Faden] Die, ähm, »Battle of Seattle«?

PUBLIKUM: 1999.

GREIF: 1999! Seht ihr? 1999 ist das Jahr, in dem alles seinen Anfang nahm. Eine Sache, die mich wirklich beschäftigt, vor allem wenn ich von vegetarischen oder veganen Hipstern höre, ist die Frage, ob es eine Verbindung gibt zwischen den Hipstern und der ewigen Hoffnung einer ... eben einer neuen umweltbewussten Subkultur, einer antikapitalistischen Subkultur. Diese Themen waren natürlich immer schon Bestandteil der Musik-Subkulturen, an die wir uns erinnern (die Riot Grrrls, zum Beispiel), und des politischen Punks (der, wie ich erst jüngst erfuhr, »Crust Punk« genannt wurde). Das haben mir zumindest die jungen Leute erzählt. Es war Jace, der mir kürzlich von der Verbindung zwischen den Crust Punks und den europäischen »Teknivals« berichtete, illegalen, spontan organisierten Happenings. Hat jemand dazu eine Meinung? Also zu der These, dass es eine Verbindung – eine wahrhaftige Verbindung – zwischen den Hipstern und einer antikapitalistischen, umweltbewussten und ...

A. LORENTZEN: Feministischen!

GREIF: ... feministischen, danke sehr – feministischen und fortschrittlichen Subkultur gibt?

CLAYTON: Wir sollten nicht vergessen, dass diese Veranstaltung in der New School in New York stattfindet. Erst gestern wurden hier doch Studenten verhaftet, weil sie das Gebäude in der Fifth Avenue besetzt hatten, nicht wahr?

ZUSCHAUER: Einer der Gründe, warum die Verbindungen zwischen den Hipstern und der Politik nicht klar sind, ist ... Vielleicht besser so: Was mir wirklich an euren Vorträgen gefallen hat, war, dass ihr die Ästhetik der Hipster analysiert habt, versucht habt, sie zunächst einmal ernst zu nehmen und in ihrem eigentlichen Kontext zu verstehen und dann herauszufinden, ob die Signifikanten der Bewegung eine tiefere Bedeutung besitzen. Aber vielleicht gilt es, erst einmal einen Schritt zurückzutreten und mit der These zu beginnen, dass der Zufall eine große Rolle spielt – es handelt sich einfach nur um eine Gruppe von Leuten, die sich auf einige gemeinsame Elemente geeinigt haben, um innerhalb der Gruppe zu kommunizieren, oder? Wenn das der Fall ist, dann wäre der Versuch, solche Verbindungen nachzuvollziehen und zu begreifen – er wäre sinnlos, weil es gar keine politische Agenda gibt, nur eine Gruppe von Leuten, die im gleichen Modus unterwegs sind.

Solltet ihr dieser These zustimmen, würde ich gerne noch eine Sache anmerken, die eventuell als Indiz dafür herhalten kann. Wir müssen auch noch andere Dinge bedenken, die gerade in Amerika passieren. Ich kann das nicht wirklich belegen, sondern nur von meiner Familie sprechen: Im amerikanischen Kernland haben die Menschen während der siebziger und achtziger Jahre ihre weiße Identität verloren. Sie wurde einfach ausgelöscht. Die Betty-Crocker-Kochbücher stehen in jedem Haushalt, oder? Doch darin wird nur mit industriellen, in den USA produzierten Zutaten gearbeitet. In den neunziger Jahren, vor allem aber zu Beginn des 21. Jahrhunderts, begann dieses Revival der Großelterngeneration und ihrer Herkunft. Also: »Meine Großeltern sind aus Irland in die USA eingereist. Ich bin Ire, und deshalb habe ich diese ganzen grünen Deko-Elemente an meinen Fenstern und meinem Auto angebracht.« Ich kann nicht beweisen, dass es solche Phänomene nicht auch schon vor meiner Geburt gab, aber ich glaube wirklich nicht, dass irgendjemand in der ersten Hälfte der Neunziger auf die Idee gekommen wäre, zu sagen, er sei mit dem »Iren in sich« im Reinen.

Wenn ihr eine rein strukturalistische Lesart anwendet – Menschen suchen nach einer Sprache, die sie zu einer Gruppe zusammenbindet, nicht wahr? –, dann sind die konkreten Signifikanten vielleicht gar nicht von Belang.

MICHELLE ANGEL MARTINEZ: Ich frage mich, was ihr über Kinder als Hipster-Accessoires denkt? Da wir schon so viel über das angeborene Bedürfnis der Hipster gesprochen haben, kindhaft zu sein oder sich eine gewisse Naivität zu bewahren, frage ich mich, warum Hipster ihren eigenen Nachwuchs auf Konzerte und in Bars schieben, in Gefährten, die aussehen, als seien sie von der NASA entwickelt worden – wie beeinflusst die Elternschaft das Sein des alternden Hipsters?

C. LORENTZEN: Du sprichst die Kritik an, dass Hipster überhaupt Kinder bekommen und diese dann später als offensichtliche Externalisierung ihres eigenen Geschmacks verwenden, oder? Klar, das ist ein berechtigter Punkt. Es passiert die ganze Zeit. Es ist abscheulich. Abstoßend. Es ist wirklich ärgerlich, wenn sie ihre Kinder zu Partys mitbringen und erwarten, dass man ihre Kinder mag, genau wie man ihren Hund mögen würde. Das verhindert, dass man eine gute Zeit hat. Aber ihnen selbst hilft es, sich besser zu fühlen, sich wie eine richtige Person zu fühlen.

Dieser Punkt wurde in *n+1* schon beinahe zu Tode geritten. Mark hat einmal auf Dave Eggers und das Magazin *McSweeney's* hingewiesen. Wenn man sich die erste Ausgabe ansieht, heißt es dort: »Den Kindern gewidmet«. In diesem Kontext ist es offensichtlich ein Scherz, ein paar Jahre später wiederum haben alle oder zumindest sehr viele Menschen, die mit *McSweeney's* zu tun hatten, angefangen, Kinder zu bekommen. Sie gründeten eine Wohltätigkeitsorganisation namens 826, die sicherlich sehr viel Gutes tut, das möchte ich gar nicht abstreiten … Aber eines Tages bin ich mit einem Freund die Straße entlanggelaufen, der mittlerweile zwar ein erfolgreicher Autor in Frankreich ist, aber zu der Zeit noch von einem kargen Stipendium lebte, in einem Freiwilligenprojekt in Harlem arbeitete und versuchte, den Menschen dort das Lesen und Schreiben beizubringen. Wir gingen also am 826-Haus in Park Slope vorbei, und er sagte: »Jaja, macht ihr nur euer Nachhilfezentrum im weißesten Viertel der Stadt auf. Das wird sicherlich vielen Menschen helfen.«

Ich glaube, auch das hat mit der Frage zu tun, ob Hipster nun progressiv sind oder nicht. Immer wenn ich offensichtliche Zeichen von Gutmenschentum bei Hipstern sehe, ist der Zweifel meine erste instinktive Reaktion.

A. LORENTZEN: Ich will in Bezug auf Christians Argument nur einen Punkt klarstellen …

C. LORENTZEN: [Zum Publikum] Sie ist meine Schwester.

A. LORENTZEN: Wenn man *A Heartbreaking Work of*

Staggering Genius gelesen hat, weiß man, dass Eggers im Grunde schon ein Kind hatte. Er hat seinen jüngeren Bruder aufgezogen …

C. LORENTZEN: Natürlich, das möchte ich nicht bestreiten …

A. LORENTZEN: Darf ich ausreden? Es ist also egal, ob die Widmung für die Kinder in der ersten Ausgabe von *McSweeney's* zunächst als Witz gedacht war, bevor die Redakteure später wirklich Eltern wurden. Eggers hatte von Anfang an ein Kind.

ZUSCHAUER: Aber nichts, was sie jemals gemacht haben, war nur ein Witz. Es gibt eine Form der Ambivalenz.

C. LORENTZEN: Ja, natürlich.

ZUSCHAUER: Als ob die gespielte Ernsthaftigkeit nie wirklich nur gespielt gewesen wäre.

C. LORENTZEN: Klar, aber später tauchte dann in *The Believer* das »Kind der Ausgabe« auf … Ich glaube nicht, dass es hier viel zu diskutieren gibt. Die Sachlage ist eindeutig.

CHARLES PETERSEN: Ich bin so froh, dass Christian hier ist. So haben wir wenigstens ein Exemplar des Hipsters auf dem Podium. Und ich glaube, dass …

C. LORENTZEN: Einen Hipster zweiter Ordnung. Ich glaube [zu Robert Lanham], in deinem Buch wäre ich ein »pol-lit«, oder?

A. LORENTZEN: Ein was?

LANHAM: Ein Hipster, der von Politik, Literatur und Geisteswissenschaften besessen ist. Trägt üblicherweise einen Bart.

C. LORENTZEN: [Streicht über seinen Bart] Auf dem Bild in deinem Buch hat er etwas längere Haare. Mir gehen sie leider allmählich aus.

PETERSEN: Ich würde gern ein anderes Narrativ des Hipsters präsentieren. Ich glaube, es stellt ein Problem dar, dass dieses Podium vom Tod des Hipsters ausgeht, der 2003 stattgefunden haben soll. Ist es nicht eher so, dass der Hipster permanent stirbt und wiedergeboren wird? Als Trotzkist könnte man, auf zugegebenermaßen oberflächliche Art und Weise, sagen, dass sich das Hipstertum im Stadium der permanenten Revolution befindet. Ich komme aus der Pampa und habe deshalb erst 2002 oder 2003 von Hipstern gehört, da hatte ich gerade angefangen, den Musik-Blog pitchfork.com zu lesen. Damals kam mir die ganze Sache wie ein richtig großes Ding vor. Die Hipster waren eine Reaktion auf die Emos, die zu dieser Zeit weltweit die Subkultur waren, die es am ehesten verdient gehabt hätte, zerstört zu werden; oder auf Indie-Pop, Dinge also, die ich auf den Tod nicht ausstehen konnte.

Als ich das erste Mal so etwas wie »Losing My Edge« von LCD Soundsystem hörte, ein Lied, das meiner Meinung nach die Hipster-Hymne der nuller Jahre war, fühlte ich mich toll. Und ich glaube, dass *Slanted and Enchanted* von Pavement einen ähnlichen Effekt hatte – allerdings schon 1991, da war ich erst sieben Jahre alt. Und 1966 oder 1967 waren es eben The Velvet Underground, die den Ton angaben. Hipster zerstören permanent Dinge. Und wir sprechen ähnlich allgemein über den Hipster, wie es auch Lifestyle-Blätter wie das *New York*-Magazin tun. Ich glaube, das ist der falsche Weg. Mein Eindruck ist vielmehr, dass viele Leute, die heutzutage als Hipster bezeichnet werden, überhaupt nicht hip sind. Mark Greif hat in seinem Vortrag ja einige Definitionen geliefert, und ich weiß jetzt gar nicht mehr so genau, welche ich meine, die dritte, glaube ich. Mark sprach davon, es gebe so etwas wie »Priorismus«, ein unanfechtbares A-priori-Wissen, das absolute Hipness kennzeichnet. Wir sind diesem Punkt auch in Christians Vortrag begegnet. Etwas, gegen das man sich praktisch nicht wehren kann.

C. LORENTZEN: Versuch es gar nicht erst.

PETERSEN: Wenn wir jetzt also den Tod des Hipsters ausrufen, hat das in sich selbst wieder hipsterhafte Züge. Ich glaube, das passt zu der vorherigen Bemerkung, in der *n+1* beschuldigt wurde, ein Hipster-Magazin zu sein. Das stimmt, aber nicht in dem Sinne, den der Begriff »Hipster« inzwischen angenommen hat. *n+1* ist hipsterhaft, weil es die Gegenwart zerstört, genau wie Hipster bereits 2003 oder 1991 das jeweils Gegenwärtige zerstört haben. Wir haben versucht, die Frage zu beantworten, warum der Begriff »Hipster« im Jahr 1999 aufgetaucht ist. Dann haben wir auf die fünfziger und vierziger Jahre zurückgeblickt. Ich glaube allerdings, dass ein Großteil der Leute, die den Begriff 2001 oder 1999 benutzt haben, von diesen historischen

Vorläufern und Konnotationen überhaupt keine Ahnung hatte. Zu dieser Zeit war der Begriff komplett entwurzelt, ein Wort ohne Geschichte. Wenn man heute das Wort »Hipster« betrachtet, so bezeichnet man damit häufig einfach nur die hipste Person im Raum – eine Person, mit der man nicht mithalten kann. Ich glaube, dass die ganze Debatte vor allem sinnvoll war, um die Frage zu beantworten: »Welche ist heutzutage die bedeutendste Subkultur unter Jugendlichen?« Das ist etwas, worüber man reden muss. Oder auch: »Welche Rolle spielen wir als Gentrifizierer?« Aber das sind andere Diskussionen.

Wenn wir also über den Hipster reden, dann müssen wir uns vor allem die Frage stellen, wie es möglich ist, innerhalb einer Subkultur eine Revolution auszulösen. Die Leute sagen ja immer noch Sachen wie: »Nun, es gibt Subkulturen, und das hat diese und jene positiven Seiten. Und dann haben die Subkulturen natürlich diese und jene negativen Seiten.« In New York spitzt sich das Ganze noch einmal zu, weil Leute, die zu einer Subkultur gehören, hier viel stärker mit dem Kapitalismus verstrickt sind. Wenn man in Minneapolis lebt oder sogar in Seattle, kann man immer noch für 300 Dollar im Monat wohnen und braucht nicht länger als zehn Minuten bis ins Zentrum. In New York klingt das absurd. Ich glaube, die ganze Diskussion verrät einen gewissen New Yorker Provinzialismus, denn im Rest des Landes ist es immer noch ziemlich einfach, das Leben eines Bohemien zu leben. Du musst nicht allzu hart arbeiten. Du hast auch keine Bettwanzen. Bettwanzen sind ein Problem, das es vor allem in New York gibt. An anderen Orten kennt man sie gar nicht. Und man braucht nicht viel zum Leben. Das gilt, glaube ich, auch für den Rest der Welt. In Westeuropa muss man dafür eben nach Berlin ziehen – aber immerhin gibt es einen Ort.

Wenn wir also über Hipster sprechen, dann sollten wir uns möglicherweise fragen, was der beste Weg ist, Dinge zu zerstören, um etwas Neues schaffen zu können. Wenn man sich Dinge anschaut wie ... Nehmen wir mal Pavement. Das Seltsame an der Band ist, dass *Slanted and Enchanted* ein komplett destruktives Album war, das ich sehr mag. Und dann kam zwei oder drei Jahre später *Crooked Rain, Crooked Rain* raus, und für mich wurden sie dadurch zu einer komplett anderen Band, die mir auch sehr gut gefällt. Indem sie Dinge hinter sich ließen, schufen sie etwas Neues und Gutes. Wenn man also über Revolution redet, muss man sich fragen, wie man Dinge zerstört und dann von Neuem beginnt.

GREIF: Es wäre sicher nicht das Schlechteste, wenn wir von dieser Veranstaltung zumindest die Erkenntnis mit nach Hause nehmen würden, dass die Begriffe »Hipster« und »Hipstertum« ihre Magie verloren haben und dass wir nicht länger im Bann dieser Vokabeln stehen, die ich, ja die viele Leute benutzen, um bestimmte Menschen herauszugreifen.

Ich hatte zunächst erwartet, dass du, Charles, die Westküste verteidigen würdest. Denn wenn wir uns – das wäre dann meine zweite Definition –, ausgehend von deiner Kritik an der New-York-Zentriertheit der Diskussion, mit der Produktion kreativer Kunst befassen, dann hat es den Eindruck, als gäbe es in New York gar keine richtigen Hipster-Künstler. New York hat da wirklich eine ziemlich miserable Bilanz, vor allem, wo es um Musik geht. Aber in Kalifornien …

CORWYN LIGHT-WILLIAMS: Na ja, wir haben den Hip-Hop.

GREIF: Ich spreche nur von Hipster-Musik.

PETERSEN: Oder in Olympia, Washington, Portland.

GREIF: Oder in Olympia, Washington, Portland, Seattle, San Francisco et cetera, genau.

LIGHT-WILLIAMS: Aber die Leute, die in solchen Städten arbeiten, kommen doch in den seltensten Fällen auch von dort. Sie sind dahin gezogen. Ich glaube, es ist ziemlich sinnlos, Steuerbezirke anhand ihrer Kreativität zu bewerten.

GREIF: Aber Pavement sind doch nicht nach Stockton gezogen, oder?

LIGHT-WILLIAMS: Nein, sie kommen aus Stockton. Und sie haben *Slanted and Enchanted* nicht dort aufgenommen, weil es unbedingt diese Stadt sein musste, sondern weil dort irgendjemand eine Garage hatte.

C. LORENTZEN: Ein paar der Bandmitglieder haben meines Wissens die Universität von Virginia besucht, dann eine Zeit in

New York gelebt und sind erst dann nach Kalifornien zurückgekehrt. Ich glaube, Stephen Malkmus hat einmal gesagt, dass *Slanted and Enchanted* ein Betrug an ihren frühen Songs war und dass die Band sich damit dem Mainstream hingegeben habe.

GREIF: Ich frage mich nur ... Gibt es hier jemanden, der von der Westküste stammt und der Meinung ist, dass die dortige Hipster-Kultur sich signifikant von der in New York unterscheidet?

LIGHT-WILLIAMS: Ich bin eigentlich aus Portland und nur übers Wochenende zu Besuch. Ein Freund von mir nennt Portland immer die »intellektuelle Heimat der weißen Brillenträger«. Zumindest aus meiner Sicht ist diese New-York-zentrierte Sichtweise interessant. Allerdings würde ich doch stark bezweifeln, dass man in Seattle für 300 Dollar eine Wohnung bekommt, von der aus man in zehn Minuten in der Innenstadt ist.

PETERSEN: Im Central District schon. Ich habe dort gewohnt.

LIGHT-WILLIAMS: Aber dann hat man doch wieder Bettwanzen. Vielleicht sind die Unterschiede also gar nicht so groß. Ich bin ziemlich viel rumgekommen und habe viele Orte besucht, die auch von Hipstern bevölkert werden. Jace hat gesagt, dass diese Orte einen unaufrichtigen Eindruck auf ihn machen, und ich glaube, dass es an der Westküste tatsächlich eine andere Kultur gibt. Dort ist alles viel kleiner. Viele Leute ziehen nach Portland, weil es das Gegenteil von New York ist. Dieser Stadt, von der man behauptet, dass man es überall schaffen kann, wenn man es da mal geschafft hat. Das Motto von Portland lautet eher: »Ich habe es sonst nirgendwo geschafft, vielleicht schaffe ich es ja in Portland.« Aber genau das ist vielleicht der Grund, warum viele Menschen ihre große Karriere an einem Ort wie Portland starten. In dieser Stadt bist du ein großer Fisch in einem kleinen Teich. Erste Erfolge stellen sich schnell ein, die Leute bemerken dich, und dann geht alles fast wie von selbst. Wenn man dagegen in New York als Musiker überleben möchte, dann kann ich mir gut vorstellen, dass man zunächst gar keine Ahnung hat, wo man anfangen soll. Da würde ich wohl erst mal verzweifelt versuchen, irgendwo Konzerte zu spielen. In Portland schafft man es dagegen recht schnell auf die größeren Bühnen.

Vielleicht kommen ja deswegen so viele ... Wie dem auch sei: Ich habe auch eine Weile in Olympia, Washington, gelebt und in Seattle, ich habe also das volle Spektrum der Westküsten-Hipster abgekriegt. Ich war in vielen großen Städten, aber wenn ich nach New York komme, dann kommt mir einfach alles insgesamt so hipsterhaft vor. Aber auch so arriviert und irgendwie festgefahren. In Portland oder Seattle ist das anders. Diese Orte wirken viel dynamischer, die Dinge ändern sich schneller. Portland ist eine Stadt, die sich sehr gut als Metapher eignet – es gibt dort eine wirklich tolle kulinarische Szene, und der Grund dafür ist, dass sich kein Restaurant länger als drei Monate halten kann. Ich glaube, bei der Musik ist es ähnlich. Dinge werden bekannt, jeder findet es für eine kurze Weile gut, und dann stirbt es entweder komplett, oder es wird total erfolgreich und landet in New York. Also ich denke schon, dass die Westküste anders ist. Gibt es noch eine spezielle Frage, die ich beantworten soll? Oder war das ausführlich genug?

GREIF: [Bemerkt, dass zwei Stunden vergangen sind] Ich glaube, wir kommen an einen Punkt, an dem alle ein bisschen erschöpft sind. Das ist bei jeder Podiumsdiskussion so, und ich denke, das ist noch lange kein Grund aufzuhören. Aber manchmal ist es eben doch sinnvoll, und außerdem ist es normalerweise auch eine Sache der Höflichkeit. Wir haben Erfrischungen vorbereitet. Die Frage wäre also: Wollt ihr noch weitermachen? Wie viel Zeit haben wir denn noch?

A. LORENTZEN: Chad meint, wir sollen lieber Schluss machen. Vielleicht noch zwei weitere Fragen?

GREIF: Wer mag, kann natürlich jetzt schon den Saal verlassen. Es gibt Kekse und solche Sachen. Es müsste auch Crack und Kokain geben.

LANHAM: Es wird ja ziemlich viel über den Tod des Hipsters geredet, der angeblich 2003 oder 2004 eingetreten sein soll. Aber ich erinnere mich, dass ich, als ich 2000/2001 an meinem Buch gearbeitet habe, immer wieder die gleichen Witze gehört habe, die dann auch im Buch gelandet sind ... Die haben mir auf jeden Fall klargemacht, dass der Hipster immer ein kleines bisschen von Selbsthass umweht wird. Immer wenn ich jemanden gefragt habe, ob er selbst ein Hipster sei, war die spontane Antwort: »Nein!« Das hat sich bis heute nicht geändert. Alle sagen, der Hipster sei ein Phänomen der späten Neunziger oder der Jahrtausendwende gewesen, aber dann mache ich den Fernseher an und sehe eine Serie wie *Flight of the Conchords*, die mir mit ihrer Ästhetik, ihrem Humor und ihrer Ironie schon sehr hipsterhaft vorkommt. Der Stand-up-Comedian Demetri Martin ist ein weiteres Beispiel. Oder, im Bereich der Musik, Sufjan Stevens – ich meine: Die Mitglieder seiner Band verkleiden sich als Pfadfinderinnen. Und wenn ich ins Publikum schaue, dann könnte ich sagen: Der Typ in der dritten Reihe sieht aus wie ein Hipster und der Typ in der siebten Reihe auch, ihr wisst, was ich meine. Die Kleidung und die Requisiten der Hipster sind immer noch unter uns, genau wie diese ironische Grundhaltung. Ich frage mich also, ob man dem Hipster wirklich den Totenschein ausstellen kann. Sicher, es gibt auch eine Bewegung, und die gewinnt an Fahrt. Aber irgendwie schein das Hipstertum nach wie vor zu florieren.

C. LORENTZEN: Das ist witzig – das Fernsehen und die Mainstream-Medien hinken offensichtlich immer einen Schritt hinterher. Du hast aber recht, viele dieser Sachen kommen erst jetzt auf den großen Bildschirm. Vor allem Demetri und die Jungs von *Flight of the Conchords* ... Und dann gibt es plötzlich auch im neuen Batman-Film einen Schurken, der aussieht wie ein Hipster, und man denkt sich nur: Wow! Aber irgendetwas scheint sich doch zu verändern, immerhin bekomme ich, vermutlich geht es euch ähnlich, keine Anrufe von Redakteuren mehr, die wollen, dass ich Artikel schreibe, in dem dieses Wort mit h vorkommt. Obwohl, es gab in *Radar* noch diesen Artikel über »Hipster-Nutten«, kurz bevor das Magazin eingestellt wurde. Das war irgendwie lustig, weil ich zu dieser Zeit dort als Redakteur gearbeitet habe, und die Autorin des Textes hatte mir einige Themenvorschläge gemacht. Sie erzählte mir, dass sie eigentlich gar nicht über »Hipster-Nutten« schreiben wollte, sondern ganz allgemein über junge Leute, die auf den Strich gehen. Der Chefredakteur habe das Wort dann »drangeklebt«.

Aber »Hipster Hooker« klingt natürlich viel besser. Oder

»Hooksters«, wie ich gerne sagte. Ich glaube, in New York haben wir einen Punkt erreicht, an dem es uns ermüdet, über das Hipster-Thema zu reden. Das Ende des Über-den-Hipster-Redens – also nicht das Ende des Hipsters selbst – hast du, John, vielleicht selbst eingeleitet, mit der Präsentation des *Hipster Handbook* in der Knitting Factory. Ich habe mich damals übrigens reingeschlichen, ohne zu zahlen. Und das ging dann immer so weiter, bis irgendwann der Artikel über die »Hipster-Nutten« erschien. Der Zyklus der Magazingeschichten ist vorbei. Jetzt gibt es eben Fernsehshows und Top-Ten-Alben.

LANHAM: Ich glaube, dass es sowohl eine Gegenbewegung gibt als auch eine gewisse Hipster-Müdigkeit. Ich frage mich allerdings: Wenn der Hipster wirklich tot sein sollte, wer hat seinen Platz eingenommen? Vielleicht befinden wir uns gerade an einem Punkt, an dem etwas Neues in unser Leben tritt. In meinem Buch habe ich mich über viele Dinge lustig gemacht, vor allem aber über dieses große Dogma des Hipsters, nämlich kein Hipster zu sein. Ich glaube, es gibt eine gewisse Hipster-Müdigkeit. Aber sie ist nur die logische Konsequenz dieser fortwährenden Negation der eigenen Identität.

GREIF: Ich möchte klarstellen, dass es mir nicht um den Tod des Hipsters geht, sondern um seine verschiedenen Stadien … Er ist wie eine Rakete, die Triebwerksstufen abwirft und sich immer weiter verändert. Mittlerweile ist der Hipster eine globale Marke. Es gibt peruanische Hipster und peruanische Hipster-Hasser. Aber gibt es eine strukturelle Komponente, die dem Hipster ein langes Leben in einer globalisierten Welt ermöglichen könnte? Jace, kannst du dir vorstellen, dass du in fünf Jahren ein Konzert in Übersee spielst, bei dem wirklich *alle* enge Jeans anhaben?

CLAYTON: Ich glaube, dass sich Modetrends durch Klatsch- und Synchronisationsmedien wie Facebook, MySpace etc. immer schneller und weiter ausbreiten. Die Menschen sehen sehr viel schneller, was die coolen Leute in anderen Städten machen. Und sie reisen auch sehr viel mehr zwischen den Städten hin und her. Vielleicht nicht unbedingt in Peru, aber es gibt ein wachsendes Bewusstsein für Prozesse und Trends an anderen Orten, das umso stärker wird, je mehr das Internet unser Leben bestimmt. Und auf einmal werden wir marokkanische Hipster haben und was nicht noch alles. Ich glaube, es existieren sehr viele Brücken und Tunnel zu einer Stufe der globalen Gleichförmigkeit.

GREIF: Glaubst du, dass die Trends noch immer von den Metropolen ausgehen?

CLAYTON: Ja, sie haben noch immer ihren Ursprung in den Metropolen. Allerdings nicht mehr unbedingt in New York, der New-York-Zentrismus ist in Teilen wirklich langsam vorbei, und wenn die österreichischen Kids ihre Kameras an den Start bringen, werden auch sie Fotos von ihren Partys hochladen … Wenn man von dem »globalen Hipster« als einer Marke sprechen will. Die Unternehmen kapieren das. Sobald es eine Subkultur gibt, sagen sie: »Hey, das können wir vermarkten«, und so wird die Entwicklung natürlich verstärkt.

KYLE STURGEON: Ich habe eine kleine Theorie über einen Weg, den der Hipster in Zukunft gehen könnte. Sie basiert auf Beobachtungen, die ich vor Kurzem gemacht habe. Ich bin gerade erst aus Louisville, Kentucky, nach New York gezogen. Vielleicht hat es etwas damit zu tun, was Jace und Mark gerade gesagt haben. Mark, deine dritte Definition, glaube ich, beinhaltet das, was William Gibson »Mustererkennung« nennt: die Fähigkeit, Trends zu erkennen. Ich glaube, einer dieser Trends ist der neue politische Philosoph der Hipster: Slavoj Žižek. Ich weiß, dass einer der größten Cumbia-Clubs »Žižek« heißt, also wird Jace dem wohl zustimmen. Das ist irgendwie lustig, wenn man über die politische Zukunft des Hipsters nachdenkt. Wenn man den Grundsätzen von Žižek folgt, der sagt, man solle im Angesicht der Wirtschaftskrise nichts tun und so weiter und so fort – scheint es, dass einer der Gründe, warum die »Mustererkennung« zu Žižek geführt hat, die Art und Weise ist, wie er zeitgenössische Medien und Filme rezipiert und buchstäblich sagt: »Tut nichts. Ihr müsst überhaupt nichts tun.« Es ist sozusagen das Gegenteil und zugleich das Gegenstück zu Rortys Satz: »Es gibt nichts zu tun.«

Aber ich glaube, darin liegt eine Gefahr für *n+1*. William Deresiewicz hat euch neulich in *The Nation* als Hipster-Magazin bezeichnet. Ich war davon nicht überrascht, vor allem, weil es von ihm kam. Aber Mark, siehst du nicht auch die Gefahr, dass … Ich glaube nicht, dass die meisten der *n+1*-Redakteure sehr viel auf Slavoj Žižek geben, aber das ist nur eine Vermutung. Doch wenn die Hipster diese Art von schrägem Marxismus oder Postmarxismus vereinnahmen, besteht dann nicht das Risiko, dass ihr fälschlicherweise mit dieser politischen Philosophie identifiziert werdet? Einer Philosophie, die sagt, »tut nichts«? Ich glaube nicht, dass ihr die Menschen zu so einer Haltung ermutigen wollt. Aber möglicherweise liegt darin einer der Gründe, warum man euch als »Hipster-Magazin« bezeichnet. Das ist eine offene Frage.

JAMES POGUE: Nur ganz schnell: Das ist nicht ganz falsch, aber wenn man den politischen Aktivismus der Hipster betrachtet, wie er sich vor allem in New York und San Francisco entwickelt hat, ist er sehr viel näher an dem, was du mit Crimethinc angesprochen hast. Sehr viele Leute sind damit aufgewachsen, sie haben Akasha-Bücher gelesen, und heute trampen sie nicht mehr, sondern sie steigen aus. Ich glaube nicht, dass das ein žižeksches »Nichts-Tun« ist. Das Motto lautet eher: »Sei ein Aktivist, indem du nicht mitmachst.« Ich glaube, das ist – bis zu einem gewissen Punkt – einer der Aspekte, die am Hipster wesentlich schwieriger zu kritisieren sind als andere. Ich glaube, er hat einige positive Dinge hervorgebracht, egal, wie leicht es ist, sich über ihn lustig zu machen.

STURGEON: Ich habe bei Barnes and Noble gerade Tausende Žižekianer getroffen. Sie haben alle sein Buch gekauft.

TKACIK: Ich habe mal bei American Apparel gearbeitet, und er war ernsthaft der einzige Intellektuelle, von dem sie dort jemals gehört hatten.

POGUE: Habt ihr nicht auch das Gefühl, dass trotz aller Argumente …? Also ich denke, dass die Hipster sozusagen aller politischen Impulse entblößt sind.

STURGEON: Das sind sie nicht! Es ist wie bei Cumbia: Der größte Club eines der größten Musiktrends – ein globales Phänomen – heißt »Žižek«.

POGUE: Ich weiß, aber warum ist das von Belang?

STURGEON: Das ist mein Punkt. Es ist komplett sinnentleert. Sie adaptieren eine politische Philosophie, die sich durch ihre Leere definiert.

C. LORENTZEN: Ich glaube nicht, dass sie wissen, was politische Philosophie überhaupt ist.

STURGEON: Das ist genau das, was ich sage.

C. LORENTZEN: Ich meine, Žižek ist eine Berühmtheit mit einem gewissen Image. Die bekanntesten seiner Texte sind seine Filmkritiken. Ich glaube nicht, dass ...

STURGEON: Ich bin deiner Meinung. Aber ich würde gerne noch ein bisschen genauer erklären, was ich meine. Greifen wir noch einmal Charles Petersens trotzkistische Logik auf: Ein Magazin oder eine Website wird plötzlich sehr, sehr populär – üblicherweise aus einem blöden oder ärgerlichen Grund –, und dann hören plötzlich alle auf, das Magazin zu lesen oder die Website zu nutzen. Irgendwo geht es mir vielleicht unmittelbar um die Gesundheit von *n+1*. Ich habe ja eben eine sehr konkrete Frage an Mark gestellt. Ich sage ja gar nicht, dass diese Leute tatsächlich Žižek lesen. Ich frage nur: Besteht nicht die Gefahr, dass sehr viele Leute anfangen, euer Magazin zu lesen – nur wegen Žižek? Ist das nicht ein Symptom eines größeren Problems?

GREIF: Wow. Äh. Ob die Gefahr besteht, dass eine Menge Leute anfangen, *n+1* zu lesen? Äh. Nun ja, ich glaube, die gibt es. [Gelächter im Publikum] Ich glaube, deine ursprüngliche Frage zielte auf ein Unbehagen bezüglich des Nichts-Tuns. Aber ich glaube nicht, dass man sich in fünfzig Jahren an Žižek erinnern wird. Ich sehe ihn nicht als Problem.

C. LORENTZEN: Ich habe eine andere Frage, auch wenn sie in eine ähnliche Richtung geht. Ein Kritikpunkt, den ich im vergangenen Jahr von jungen Autoren und sogar ehemaligen *n+1*-Praktikanten gehört habe, war, dass *n+1* nicht genug getan hat, um die Republikaner bei den Wahlen zu schlagen.

GREIF: Was Konstitution und Temperament anbelangt, gibt es wohl eine gewisse Gruppe innerhalb des Redaktionsteams von *n+1*, die hin und wieder vom Nichts-Tun betroffen ist. Aber dabei geht es ja – zumindest was die Zukunft betrifft – vor allem um die Frage, inwieweit wir in einer Situation sind, in der wir überhaupt etwas »tun« können. Nach der Wahl ist sicherlich der richtige Zeitpunkt, diese Frage zu stellen. Wir werden sehen.

Aber was tun wir jetzt? Ich glaube wirklich, dass die Leute müde werden, ich sehe das an eurer Haltung. Und trotzdem gibt es noch wichtige Fragen zu besprechen. Sollen wir vielleicht ein paar Kekse holen? Ich weiß nicht, wieso ich die ganze Zeit von Keksen rede. Es ist kindisch. Aber offensichtlich will ich jetzt genau das.

C. LORENTZEN: Ich würde gerne eine rauchen.

GREIF: Wir können ja wenigstens eine Pause machen. Kommt doch einfach aufs Podium hoch, und wir reden ohne Mikrofon weiter.

[Die Unterhaltung ging in der Lobby informell weiter.]

Aus dem Englischen von Tobias Moorstedt

Reaktionen

JENNIFER BAUMGARDNER

Williamsburg, Jahr null

Mit meinem Sohn wohnte ich früher in Williamsburg, Brooklyn. Einmal saß er auf der Bedford Avenue in seinem Kinderwagen, als ein Typ um die zwanzig aus seinem Apartment auf der North 8th Street kam. Er hatte sich in die volle Hipster-Uniform geworfen: dünn wie Mischa Barton in ihrer Zeit bei *O. C., California*, hautenge, schwarze Röhrenjeans, schwarzes T-Shirt, schwarz gefärbte Haare, dazu ein breitkrempiger schwarzer Hut in der Art, wie ihn auch Zorro tragen würde. Mein Sohn starrte ihn an und sagte mit der Stimme eines unbefangenen Kleinkinds: »Guck dir mal die alte Hexe an!« Der junge, befangene Typ wirkte beschämt.

Ich liebe diese Geschichte. Ich weiß nicht, was genau bei mir diese reflexhafte Geringschätzung auslöst, wenn ich von »Hipstern« spreche oder diesen jungen, interessant angezogenen Leuten auf der Straße begegne, aber allein bin ich damit nicht. Nicht nur, dass niemand je zugeben würde, ein Hipster zu sein – das ist, als würde man von sich selbst behaupten, eine JAP (kurz für *Jewish American princess*, eine verwöhnte Tochter aus jüdischem Elternhaus; Anm. d. Ü.) zu sein – es ist auch bemerkenswert, wie sehr mein New Yorker Umfeld darin übereinstimmt, dass die Röhrenjeans-Truppe anstößig ist. Andrew zum Beispiel, ein befreundeter Anwalt Ende zwanzig, der in seiner Freizeit Skaterkleidung trägt, obwohl er kein Skater ist. Als ich ihm erzählte, dass ich über Hipster schreibe, sprang er vom Sofa auf und beglückte mich mit seinen Ansichten zum Thema, sie waren allesamt negativ. Am nächsten Tag mailte er mir weitere Gedanken. »Auf die Gefahr hin, wie mein Großvater zu klingen (und wie mein Vater, wo wir schon dabei sind): Eines meiner Probleme mit diesen verdammten Kids ist, dass es eine Haupteigenschaft ihres Charakters ist, versnobbt oder prätentiös zu sein«, schrieb Andrew. Und er fuhr fort:

Dabei bringen sie überhaupt nichts Eigenes hervor. In diesem Sinne sind sie so ähnlich wie Kritiker. Ihre ganze Kultur ist die des Slackers des 21. Jahrhunderts. Mir ist klar, dass das ein Klischee ist; ich bin sicher, es gibt jede Menge Ärzte, Entwicklungshelfer und bodenständige Typen, die buschige Schnurrbärte haben, enge karierte Hosen tragen und ›I Eat Bush‹-T-Shirts zur Schau stellen.

Andrew hasst an den Hipstern das Unauthentische, sagt er, und er verteidigt seine eigene Aneignung der Skater-Insignien als Hommage an eine Kultur, die authentisch sei.

Ich mag den Vibe der Skater, weil »Skater« zwar früher ein Synonym für »Slacker« war, aber das stimmt heute, glaube ich, nicht mehr. Skater gelten jetzt irgendwie als furchtlose Extremsportler (wie die Typen von Jackass). Ich selbst habe allerdings sogar vor meinem Schatten Angst, also trifft dieser Charakterzug auf mich nicht zu.

Andrews Logik kommt mir dann doch widersprüchlich vor. Er hasst die Hipster, weil sie angeblich reine Nachmacher oder höhnische Kritiker der wirklich kreativen Kulturschaffenden seien – der echten Künstler, Musiker und Schriftsteller (die es sich irgendwie verdient haben, enge Jeans und ironische Gesichtsbehaarung zu tragen, oder wie?). Aber er verteidigt sich für seinen eigenen Wunsch, wie ein Skater auszusehen, obwohl er nicht skatet und nicht besonders wagemutig ist (die Eigenschaft, die er an den Skatern bewundert). Der Unterschied liegt für ihn anscheinend darin, dass er Skater liebt, während Hipster zu zynisch und gehemmt seien, um eine kreative Kultur wirklich zu lieben und nachzuahmen.

Wer über Hipster spottet, gehört oft selbst zur dieser sozialen Klasse. Ich nehme einmal mich selbst als Beispiel, denn auch ich war in Williamsburg eine Gentrifiziererin. Wie die viel geschmähten Hipster habe ich die Ersparnisse meiner Eltern darauf verwendet, mir einen Platz zum Leben zu sichern. Obwohl ich eine alleinerziehende Mutter war, die von Gehaltsscheck zu

Gehaltsscheck lebte und obwohl ich oft mitten in der Nacht aufwachte und mir Sorgen machte, wie ich die Rechnungen zahlen sollte, hatte ich wahrscheinlich mehr mit den weißen Hipstern mit College-Bildung in meiner Nachbarschaft gemeinsam als mit den alleinerziehenden, arbeitenden Müttern, den Polinnen und Latinas, die in meiner Ecke von Brooklyn die eigentlich Alteingesessenen waren. Ich wünschte mir Lebensmittelgeschäfte, die Bioprodukte verkauften, wie zum Beispiel Horizon-Milch, die sechs Dollar pro Zweiliterflasche kostet, und überteuerte, aber ästhetisch befriedigende Cafés wie das El Beit. Ich wollte teure Boutiquen um mich haben, sonst hätte ich mich schlecht gefühlt, weil ich Manhattan verlassen hatte. Ich liebte Bedford Cheese und Marlow & Sons und die umfangreiche Auswahl erlesener Biere bei Spuyten Duyvil. Ich hoffte darauf, dass die Immobilienpreise stiegen, damit ich mein Apartment mit Gewinn verkaufen konnte.

Hipster zu hassen verrät mehr über unsere eigenen Ängste und Unzulänglichkeiten, als dass es irgendetwas Wahres über Menschen aus Fleisch und Blut aussagen würde. Es ist wie der Hass, den Martha Stewart auf sich zog, als sie Frauen gezeigt hat, dass man Haushaltsführung in eine Kunstform und ein Multimillionen-Dollar-Vermögen verwandeln kann; oder wie die Verachtung, die viele für Hillary Clinton empfanden, weil sie bewiesen hat, dass eine Frau ehrgeiziger als die meisten Männer und trotzdem Mutter sein kann. Hipster erinnern uns an … Ich weiß es nicht – eine Jugendlichkeit, einen Wagemut und einen Stil, die wir nicht mehr haben – oder vielleicht nie hatten?

Die Kritik an ihrem äußerlichen Erscheinungsbild lässt mich auch über das soziale Geschlecht der Hipster grübeln. Sie sind verweiblicht (dünn, modebewusst, gut frisiert), aber zugleich sind sie – wenn ich nach den Figuren gehe, die während des Panels als Hipster identifiziert wurden – überwiegend Männer. Steckt im Hipster-Hass eine Spur Homophobie, ein Ekel davor, Männer zu sehen, die sich »zu sehr« darum sorgen, wie sie aussehen? Wird meine eigene Irritation teilweise dadurch ausgelöst, dass das Hipstertum männerdominiert ist, genau wie *n+1*?

Ich bin aus Williamsburg weggezogen. Ich lebe jetzt im

Greenwich Village, das heute muffig und wohlhabend ist, einst jedoch das Reich der Boheme war. Mit vierzig bin ich für die Gegend jung, und zugleich ist es eine große Erleichterung für mich, nicht jeden Tag daran erinnert zu werden, wie alt ich werde. Wenn ich mein altes Viertel besuche, dann schmunzle ich über die Stulpen, die die Mädchen tragen, und über die Sally-Jesse-Raphael-Brillen und die magere Arschlosigkeit der Männer. Ich frage mich, was sie wohl sehen, wenn sie mich anschauen. Ich bete, dass keiner von ihnen murmelt: »Guck dir mal die alte Hexe an.«

Aus dem Englischen von Niklas Hofmann

MARGO JEFFERSON

Zwanzig Fragen

Ich erreichte 1960 das Teenager-Alter. Ich verbrachte meine Highschool-Jahre damit, die Überzeugungen und Vorlieben der Hipster der vierziger und fünfziger Jahre zu bewundern und nachzuahmen – und habe mich dann, nach 1964, als diese Überzeugungen und Vorlieben durch die Bürgerrechts- und Jugendbewegungen, die Gegenkultur, die Neue Linke und Black Power, den Feminismus und die Schwulen verändert und vielfältiger wurden, gemeinsam mit ihnen weiterentwickelt.

Ich kann nicht behaupten, aus erster Hand viel über die neuen Hipster des letzten Jahrzehnts zu wissen. Ich finde es interessant, dass auch der Hip-Hop mit ähnlichen Wurzeln kokettierte, als er das »Hip« aus »Hipster« übernahm. Kann es nur ein kultureller Zufall sein, dass im Abstand von zwanzig Jahren schwarze und weiße Avantgardisten (und Arrivierte) auf die alten weißen und die alten schwarzen Bedeutungen desselben Wortes zurückgreifen? Und dass sie diese dann über ihre musikalischen, sozialen und Stil-Codes noch weiter segregiert haben?

Die ersten Hipster waren ganz versessen auf Rassenvielfalt, wo es um Geschmacksvorbilder und Ikonen ging. Es gab zwar jede Menge Spannungen und Konkurrenz, aber das Verlangen war offensichtlich – nicht nur in Norman Mailers überschwänglichen Anrufungen des »White Negro«. Das beste Beispiel liefert die Musik. Im Jazz gab es von Miles Davis bis Chet Baker eine ganze Reihe von Musikern, die sich voneinander unterschieden, aber nicht segregiert waren. Davis' *Birth of Cool*-Sessions definierten eine gemeinsame Ästhetik schwarzer und weißer Musiker, die den New Yorker Bop mit der Cool School der Westküste verband. Im Bereich Literatur und Theater könnte man den Bund zwischen LeRoi und Hettie Jones anführen oder das Unbestimmte, das Zwischen-allen-Stühlen-Sitzen Anatole

Broyards sowie die Vielfältigkeit der Off-Broadway-Szene. Ist die aktuelle Hipster-Welt ethnisch wirklich so eindimensional, wie es die Musik, die Filme und die Bücher, die in der Transkription der Diskussion genannt werden, nahelegen? Ist das möglich?

In vielerlei Hinsicht scheint Popmusik heute genauso segregiert zu sein, wie sie in den vierziger und fünfziger Jahren wirkte. Der Unterschied? Es sieht so aus, als sei es dieses Mal eher das Ergebnis von kulturellen Präferenzen und Nischenpublika als das einer fest verwurzelten Rassenpolitik und -ökonomie. Ganz eindeutig gibt es in der Gegenwart viel mehr musikalische Sub- und Sub-Subkulturen, zwischen denen wir wählen können. Sie alle haben wichtige Stilmerkmale – sozioökonomische und kulturelle Indikatoren, die jedes Highschool-Kid entziffern kann und die durch das eiserne Regiment der Hänseleien und des Schulhofspotts bekräftigt werden. Wie prägen die Zusammensetzung von Stadtvierteln und die Gentrifizierung – mit ihren Spannungen (aber auch ihrem Nebeneinander) von Klassen, Rassen, Ethnien – den Hipster-Geschmack? Auf welche Weise entscheiden sie über Fetischobjekte? Gibt es wirklich keine nennenswerten nichtweißen Hipster-Vorlieben: Schlüsselwörter, Embleme, Bands, Filme, Klamotten? Gibt es – oder gab es, seit den späten Neunzigern – signifikante, klar erkennbare und imitierbare nichtweiße Hipster, die mehr waren als bloße »Ausnahmen«?

Besonders interessant fand ich während der Lektüre der ursprünglichen Beiträge zu dieser Diskussion Fragen der Periodisierung und der Ästhetik der weißen Ethnien der USA sowie der Arbeiterklasse. Irgendwie hat man doch den Eindruck, dass es Andy Warhol (geborener Warhola) war, dieser Spross einer weißen Arbeiterfamilie aus Pittsburgh, der uns in den sechziger Jahren den ironischen Umgang mit den Fallen der industriell gefertigten Homogenität eingebrockt hat. Doch dann kann er uns sicher auch einen Ausweg aufzeigen – und das ist der Grund, warum ich so überrascht war, dass die Frage der »ethnisch weißen Ironie« hier isoliert von ihrer eigenen Geschichte diskutiert wird.

Diese Ästhetik erlebte in den späten achtziger Jahren einen Aufschwung, in der Reagan-Ära, die von ökonomischer Polarisierung geprägt und von zwei Rezessionen eingerahmt wurde. In jener Zeit neigten die Medien dazu, sie als eine Modeerscheinung des »White Trash« anzusehen, wie man jene Menschen bezeichnete, die man auf der Müllhalde des amerikanischen Rassendenkens zurückgelassen hatte.

Zu ihren Emblemen und Ikonen gehörten: Kunststoffblumen, greller, schwerer Modeschmuck. Der Trucker-Look und ein bisschen Trucker-Sprache. Cajun, Country und Western. Jede Menge altmodischer Südstaaten-Redneck-Kram, der auf anstrengend schelmische, oft herablassende Weise übernommen wurde, wobei man eigentlich ironisch sein wollte. »White Trash«-Kochbücher und »White Trash«-Reiseführer. Bissige Filme wie *Arizona Junior* von den Coen-Brüdern und *True Stories* von David Byrne. Weiße setzten sich in skurrileren, clevereren Umgebungen in Szene, deren Ästhetik oft bewusst queer war oder auf komplizierte Weise »schlechten Geschmack« oder einen Drang nach Freiheit zum Ausdruck brachte: Filme von John Waters, die Kleidung von Cyndi Lauper und Madonna, selbst die Bostoner Iren-Jungs aus *Cheers*. Italoamerikaner bekamen mit *Mondsüchtig* ihre Portion Ironie und befreiend romantischer Komik ab. Dann gab es da noch Jonathan Demmes Filme, *Gefährliche Freundin* oder *Melvin und Howard* zum Beispiel, die Elemente verschiedener Kulturen vermischten und die Klassengrenzen überschritten. Es war, als ob die Angst, Reagans Kapitalismus könne das ganze Schiff der Demokratie versenken, die Menschen dazu brachte, ein großzügigeres und vielseitigeres Leben herbeizufantasieren, um ein Gefühl der Wärme zu spüren.

All dies geschah just in der Zeit, als die »Whiteness Studies« in der akademischen Welt Fuß fassten und für einigen Wirbel sorgten. Der Grundkonflikt ist bis heute ungelöst: Handelte es sich bei den Whiteness Studies wirklich um eine durch die Entstehung der Afro-American Studies motivierte kritische Auseinandersetzung mit weißen Machtstrukturen und Ideologien? Oder doch um einen gerissenen Versuch, die hegemoniale

Position an den Unis zurückzuerobern, die von den durch die Black Chicano, Asian, Women's und Queer Studies sowie die damit verbundenen Kulturen (die nicht länger »Subkulturen« genannt wurden) in Gang gesetzten multikulturellen Reformen unterminiert wurde? Zeichnet sich heute eine Verschiebung der akademischen Disziplinen ab, die uns erneut in Aufruhr versetzen könnte? Ich weiß es nicht.

Am Ende liegt doch etwas Besorgniserregendes in der hartnäckigen Rückwendung zu Mami, Papi und den Tagen kindlicher Träumereien, die im Rahmen des Panels diskutiert wurde. In welchem Ausmaß steckt dieser Versuch, jene Erwachsenenwelt zu erhalten, die wir als Kinder kennenlernten, (unbewusst oder bewusst) die Grenzen des eigenen Geschmacks und der eigenen Entscheidungen ab? Ich weiß, dass das eine grobe Verallgemeinerung ist, aber dieser Impuls hat mit den Hipstern der vierziger und fünfziger Jahre nun wirklich gar nichts zu tun. Diese nahmen für sich in Anspruch – manchmal verzweifelt, oft plump und keinesfalls immer effektiv –, sich ganz bewusst vom Look, vom Sound, von den Artefakten, der sinnlichen Welt und auch dem sozialen, politischen und (bisweilen) ökonomischen Milieu ihrer Eltern abgesetzt zu haben.

Nehmen wir zu guter Letzt diesen Wortwechsel aus der Diskussion: Glauben wir denn daran, »›dass es eine Verbindung – eine wahrhaftige Verbindung – zwischen den Hipstern und einer antikapitalistischen, umweltbewussten und ...‹ – ›Feministischen!‹ – ›... feministischen, danke sehr – feministischen und fortschrittlichen Subkultur gibt?‹« Es war Jace, der mir kürzlich von der Verbindung zwischen den Crust Punks und den europäischen »Teknivals« berichtete, illegalen, spontan organisierten Happenings. Hat jemand dazu eine Meinung? Also zu der These, dass es eine Verbindung – eine wahrhaftige Verbindung – zwischen den Hipstern und einer antikapitalistischen, umweltbewussten und ...

Ich kann wirklich nicht endgültig einschätzen (und ich hoffe, damit wird ein für alle Mal klar, wie wenig ich über diese Sache weiß), ob Frauen innerhalb der Hipster-Kultur heute – als Künstlerinnen oder prägende Kraft – eine große Rolle spielen.

Irgendjemand hat die Riot Grrrls erwähnt. In einigen der genannten Bands spielen weibliche Musiker. Aber was sonst? Wo sonst? Wer sonst? Früher waren wir Artefakte, Konsumentinnen, Musen und Accessoires. Und heute? Gibt es innerhalb der Hipster-Szene auch Lesben, Tunten, Transen? Als Vorbilder oder einfach als Teilnehmer? Ich kann einfach nicht richtig einschätzen, ob die queere und die Hipster-Kultur sich überschneiden. Es würde mich allerdings deprimieren, wenn dem nicht so wäre.

Aus dem Englischen von Niklas Hofmann

PATRICE EVANS

Hip-Hop und Hipsterismus

Anmerkungen zu einer Philosophie des Uns und der Anderen

> »Der Unterschied [...] zwischen Norman und mir besteht darin, dass er immer noch zu glauben scheint, dass er etwas bewahren muss, während ich nie etwas zu verlieren hatte. Oder vielleicht sollte ich es so formulieren: Die weißen Amerikaner bilden sich ein, dass die Sache, die sie vor dem Sturm des Lebens retten müssen, vor allem ihre Unschuld ist. Es ist genau dieses Gut, das ich sofort loswerden musste, und zwar unter tödlichen Schmerzen.«
>
> JAMES BALDWIN

Dieses Zitat stammt aus dem »Liebesbrief« James Baldwins an Norman Mailer, der 1961 unter dem Titel »The Black Boy Looks at the White Boy« in der Zeitschrift *Esquire* erschien. Vier Jahre zuvor hatte Mailer seinen Aufsatz »The White Negro« im Magazin *Dissent* veröffentlicht. Wenn man die kleine Konferenz von *n+1* als Update von Mailers Versuch versteht, den Hipster zu definieren, dann soll mein Aufsatz ein Update von Baldwins ablehnender, aber würdevoller Antwort sein.

Der Hipster scheint mir eine Verkörperung der Unschuld zu sein. Niemand bezeichnet sich selbst als Hipster. Und Baldwin hat ja auch betont, dass ein Essay über Hipster nichts weiter ist als die Hingabe an einen Traum oder eine Fantasie, die man nur erreicht, wenn man sich auch den Luxus erlaubt, das Leben zu verschlafen. (Das, übrigens, war ja Nietzsches erste Maxime in der *Götzen-Dämmerung*: »Müßiggang ist aller Psychologie Anfang.«) Und Baldwins Beobachtung trifft punktgenau in das Herz der weißen Macht Amerikas: Da geht es um das kunstvolle Verweigern der Verantwortung im Angesicht einer andauernden Ungerechtigkeit. Da geht es um diesen selbstgerechten Pazifismus, der den Status quo festigt und damit die alte

Dichotomie zwischen einem »Uns« und den »Anderen«. Man sagt, dass der Klassenkonflikt zwischen den Besitzenden und den Besitzlosen ausgetragen wird, aber das hat ja auch viel mit dem Topos des Uns und der Anderen zu tun. Und die Hipster-Debatte ist (ähnlich wie Mailers Aufsatz) wieder eine ganz andere Debatte, nämlich eine, in der es zwar auch um uns und die Anderen geht, die allerdings fast ausschließlich von Leuten ausgetragen wird, die zu den Besitzenden zählen.

Nachdem ich die Transkription der Podiumsdiskussion erhalten hatte, sprach ich mit folgenden Personen über den zeitgenössischen Hipster: meinem Vater (55, schwarz), zwei meiner guten Freunde (37 und 30, schwarz), der Mutter meiner Freundin (57, Puerto-Ricanerin), dem Vater meiner Freundin (unbestimmtes Alter, Italiener), der Schwester meiner Freundin (Mitte dreißig, Italo-Puerto-Ricanerin) und einigen anderen, die man im weitesten Sinn als meine »peers« bezeichnen könnte. Außer den wenigen Menschen, die aus Gründen der persönlichen Loyalität meinen Blog lesen, war keiner mit dem Begriff sonderlich vertraut. Was auch bedeutet, dass diese Diskussion hier vielleicht nur für Menschen relevant ist, die zu genau solchen Veranstaltungen gehen. Auch nachdem ich die Details und Definitionen erklärt hatte, waren die meisten meiner Probanden nicht sonderlich beeindruckt von dem Thema: »Ach, du meinst junge Leute?«, war eine der häufigsten Antworten. Und natürlich seltsam ausdruckslose Blicke.

Ich bin in den Achtzigern in der Bronx aufgewachsen und wurde Mitte der neunziger Jahre von dort auf ein Internat im idyllischen Connecticut verfrachtet (zunächst Choate Rosemary Hall, später Pomfret). Während meiner Schulzeit und der folgenden Jahre auf dem College (Trinity, Hartford) habe ich den Begriff »Hipster« kein einziges Mal vernommen. Wenn ich heute zurückblicke, denke ich, dass für einen Schwarzen in meiner Lage die Hipster, Preppies (der Begriff »prep« und seine Derivate beziehen sich im amerikanischen Slang auf reiche, modebewusste weiße Absolventen privater Preparatory Schools, vor allem an der Ostküste; Anm. d. Ü.) und Yuppies ein und dasselbe waren. Wir bewerteten Menschen nur nach fundamentalen

Kategorien wie Rasse, Kontostand und vielleicht noch Sozialkompetenz. Meine Kumpels hätten einen Typen, den andere als Hipster erkannt hätten, vermutlich als »verklemmten reichen Weißen« oder »als weißes, reiches, enge Hosen tragendes Arschloch, das irgendwie doch in Ordnung ist«, bezeichnet. Das ist, zumindest in meiner Erfahrung, eine ziemlich elaborierte und zutreffende Beschreibung. Und das bringt mich auch zu der Einsicht, dass der Begriff des Hipsters vielleicht nur in der Welt der kleinen Unterschiede funktioniert, in der Menschen keine Lust haben, über Fakten zu sprechen, und dass er sehr gut zur verklemmten Gefühligkeit der weißen Amerikaner passt. (Ich kann mich noch gut an den ersten Satz der ersten Ausgabe von *n+1* erinnern: »Sag, was Du wirklich meinst!«)

Eigentlich ist es aber seltsam, dass der Begriff »Hipster« im zeitgenössischen Hip-Hop-Diskurs des Jahres 2010 nicht öfter verwendet wird. Drake rappt auf seinem Mixtape *So Far Gone* folgende Zeile: »[M]e doing shows getting everyone nervous, cause them hipsters gonna have to get along with them hood niggas.« Aber in diesem Song taucht das Wort »Hipster« nur auf, um zu betonen, dass sich der Rapper an eine breite Zielgruppe richtet, die auch Pop-Fans einschließt. In der Hip-Hop-Kultur versteht man solche Zeilen eher als ästhetische Ausschmückung oder Prahlerei denn als substanziellen Kommentar zur Lage der Gesellschaft. Ein paar Jahre zuvor hätte Drake vermutlich gereimt: »Diese Preppies müssen jetzt eben irgendwie auch mit den Gangstern zurechtkommen.«

Der Begriff »Hipster« wird natürlich auch in der Hip-Hop-Szene gelegentlich als Beleidigung verwendet. Die *n+1*-Untersuchung arbeitet sich ja vor allem an der seltsamen Tatsache ab, dass sich selbst auf dem Höhepunkt des Hipster-Hypes keine soziale Gruppierung fand, die den Begriff für sich reklamieren wollte. Ihr wisst also, dass sogar die Hipster die Hipster nicht ausstehen können, und deshalb ist es nur folgerichtig, dass Hip-Hopper die Hipster regelrecht hassen. Jedes Mal, wenn der Begriff von Rappern aufgegriffen wurde, was selten genug vorkam, dann wurde die negative Bedeutung betont. Im Juni 2008 zum Beispiel veröffentlichte das Magazin *XXL* einen Text, in dem der sogenannte »Hipster-Rap« inspiziert wurde, wobei der Autor diejenigen Rapper in Schutz nahm, die man damals abfällig »Hipster-Rapper« nannte, und zwar allein aus dem Grund, weil sie sich bestimmten Hip-Hop-Zeichen verweigerten. Ein Rapper, der den Namen Hipster wirklich verdient hätte, würde der Figur des Onkel Tom ähneln, einer Figur also, die eine vitale und stabile Kultur ausnutzt und in eine leere Hülse verwandelt, die den Weißen gefällt. Und diesen Vorwurf hatten die Rapper, um die es in dem Artikel ging, nun wirklich nicht verdient. *XXL* sprach deshalb von den »sogenannten ›Hipster-Rappern‹« und verteidigte Musiker wie The Cool Kids, Lupe Fiasco, The Knux, Kidz in the Hall, Kid Sister und Wale vehement.

Es war nicht das erste Mal, dass die schwarze Hip-Hop-Szene eine schwarze Liste erstellte. Zu Beginn des 21. Jahrhunderts wurden Künstler wie Mos Def, Talib Kweli und die Roots unter anderem als »Rucksack-Rapper« beschimpft, weil sie sich von den poppigen MCs wie Jay-Z und 50 Cent distanzierten. Und noch früher, in den späten achtziger und frühen neunziger Jahren, machte man sich über die sogenannten »Native Tongue«-Gruppen wie A Tribe Called Quest, De La Soul und die mit ihnen eng verwandte Queen Latifah lustig. Die Feindseligkeit, die diesen Gruppen entgegenschlug, machte schon damals deutlich, dass die Dichotomie zwischen kommerziell erfolgreichem und aufgeklärtem oder politisch bewusstem Hip-Hop von Anfang an falsch war – oder zumindest zu einfach gedacht. Mit ihrem zweiten Album, *De La Soul is Dead*, antworteten De La Soul auf den Vorwurf, sie seien Hippies. Blickt man zurück, erscheint diese Debatte als Vorläufer der Kritik, die heute an den Hipster-Rappern geübt wird. Zumindest in der Mundart des Hip-Hop, der sich bekanntlich wenig Mühe bei der Beschreibung weißer Menschen gibt. Bereits 1991 spielte das Album *De La Soul is Dead* mit dieser Psychologie und dem zynischen Dünkel hinter der Forschungsfrage »Ist der Hipster tot?«.

Der giftige Spitzname des Hipster-Rappers unterscheidet sich von einer anderen Kategorie, die ich entwickelt habe: dem »Blipster« oder »Black Hipster«. Dabei geht es aber eher um individuellen Modegeschmack und Hobbys als um Politik. Denn

Hipster, wir haben es bereits gehört, können jeder Ethnie angehören – ein Weißer kann enge Jeans tragen, ein Schwarzer kann enge Jeans tragen. Klar, du wirst vielleicht von deinen Freunden verarscht, wie man für jedes alberne Kleidungsstück verarscht wird, aber ein Blipster wird von der afroamerikanischen Gemeinde nicht so drastisch sanktioniert wie ein Hipster-Rapper. In meinen Augen ist der Blipster eine zeitgenössische Form des coolen schwarzen Nerds, der bestimmte Elemente aus der weißen Subkultur aufgreift, um daraus einen allgemein akzeptierten neuen Typus zu entwickeln. Wer weiß, vielleicht sind diese dürren schwarzen Typen mit den fusseligen Bärten ja sogar die Verkörperung unserer ethnokulturellen Zukunft.

Heraus kommen bei solchen Experimenten dann Gruppen wie Ninjasonik, die Blipster-Mode tragen und dabei Musik machen, die man am ehesten als »Hip-Hop-Techno-Punk« bezeichnen kann. Sie haben sogar einen Song mit dem Titel »Tight Pants« im Repertoire, und in einer Zeile, die immer wieder wiederholt wird, heißt es: »I'm a tight-pants-wearing-ass-nigga«. In einem anderen Stück sampeln sie Tracy Morgans berühmt-berüchtigte Zeile »Somebody's gonna get pregnant«. Beides legt nahe, dass die Hipster-Merkmale der Ironie, Distanz und Abgeklärtheit nun auch für Hip-Hop-Musiker eine Option darstellen – wenn sie sich trauen! Sollten die Hipster also tatsächlich Symptom einer gewissen kulturellen Ermüdung der weißen Elite sein, dann wären Bands wie Ninjasonik ein Indiz für die These, dass, erst wenn die afroamerikanische Gemeinschaft in der Mittelklasse ein wenig Fuß gefasst und ein bürgerliches Gefühl der Bequemlichkeit eingesetzt hat – und wirklich erst dann –, die Schreckensgestalt des Hipsters auch in dieser demografischen Gruppe auftaucht – als eine Art kulturelle Vogelscheuche. Irgendwann, so scheint es, bekommt jede Kultur ihren Hipster.

Aber diese Interpretation hat nur dann Gültigkeit, wenn man das Erbe des Hip-Hop und dessen substanziellen Sinn für Ironie und Comedy vernachlässigt, der schon immer Teil dieser Kultur war. Künstler wie Prince Paul – mit seinem Album *Psychoanalysis. What is it?* und der Hip-Hop-Oper *A Prince*

Among Thieves – De La Soul – mit *Three Feet High and Rising* und *De La Soul is Dead* – haben den »Hip-Hop-Sketch« als Form der urbanen, avantgardistischen Satire etabliert. Andere schrullige Künstler, die dem zeitgenössischen Hip-Hop-Boom vorangingen, waren Dana Dane (»Nightmares«), Biz Markie (»Pickin' Boogers«), Slick Rick (»Lick the Balls«) und, von dem haben Sie vermutlich auch schon mal gehört, Will Smith, der nicht nur ein Hollywood-Star ist, sondern auch der erste Rapper überhaupt, der einen Grammy gewann. Diese Jungs waren Geschichtenerzähler, die mit ihren selbstzweiflerischen Texten, die sich sogar auf diverse Metaebenen begaben, die harte Sprache des Gangster-Raps infrage stellten, ohne gleich in die militante Politik des sogenannten »Conscious Rap« abzugleiten. Der frühe Hip-Hop besaß dieses gewisse Maß an Unschuld, das sich auch in dem Bild widerspiegelt, das wir uns vom zeitgenössischen Hipster machen.

Ich bin ein schwarzer Junge, der weiße Jungs beobachtet. Das Hipstertum scheint mir die Reaktion einer Generation weißer Jugendlicher zu sein, die sich zwar der Machtkonstellation und der Ungleichheit bewusst sind, die sich aber auch sagen: »Nun, was sollen wir dagegen machen? Die Arme in die Luft werfen und Grimassen für die Kamera schneiden?« Die Zurückweisung von Macht und Alternativen ist immer auch eine ästhetische Geste.

Junge Menschen, die während der Blütezeit des Hip-Hop aufwuchsen, sahen zwar, dass die afroamerikanische Gemeinde dadurch eine populäre Form der Macht erlangte, sie sahen aber zugleich, dass Hip-Hop schnell in jenem System der kommerziellen Ausbeutung aufging, das uns auch die Preppies, Yuppies und all die anderen Typen beschert hat. Wenn die Hip-Hop-Szene durch die Beobachtung des weißen Establishments die eine oder andere Lektion gelernt hat, dann ist das Hipstertum für das junge, weiße Amerika vielleicht die einzige und beste Chance, die Dinge zu korrigieren und zu sagen: »Hört mal zu, wir benehmen uns jetzt mal so richtig blöd und vermitteln ein so mitleiderregendes Bild von uns selbst, dass ihr euch erst einmal darauf besinnen müsst, was ihr wollt und woran ihr glaubt, damit ihr uns später im Gegenzug helfen könnt herauszufinden, was wir wollen und woran wir glauben.« Und was wir wirklich alle suchen, ist eine Philosophie, die uns die Mittel an die Hand gibt, die Kategorien des Uns und der Anderen zu überwinden und in einem gemeinsamen Wir zu vereinen.

Auch im Hip-Hop spricht man gerne über »uns« und die »Anderen«, aber es geht auch um Substanz, Inhalte, echte Menschen und Themen wie Ungerechtigkeit und Ungleichheit. Was ich sagen will, ist Folgendes: Wenn ihr über Hipster redet und dabei irgendwas erreichen wollt, solltet ihr lieber gleich über Hip-Hop sprechen. Oder um es noch ein wenig genauer zu sagen: Wenn ihr wollt, dass eure Worte und Ideen wirklich einen Unterschied machen, wenn ihr das erbärmliche Stadium des »White Negro« überspringen und den schwierigen Pfad wählen wollt, dann solltet ihr vielleicht mehr über die Codes und Themen des Hip-Hop erfahren. Denn Hip-Hop ist eine vollwertige Kultur, nicht nur eine Hülse oder Ästhetik. Hip-Hop hat Tiefe. Sowohl Hipstertum als auch Hip-Hop erheben den Anspruch, so etwas zu sein wie eine Tür, durch die wir alle an einen Ort gelangen, der uns gemeinsam gehört. Der Unterschied: Hip-Hop ist keine Drehtür, die einen immer nur an den Ort verfrachtet, an dem man vor wenigen Sekunden aufgebrochen ist.

Aus dem Englischen von Tobias Moorstedt

Essays

DAYNA TORTORICI

Man erkennt sie, wenn man sie sieht

Was macht eine »Hipsterin« aus, und warum enden alle Versuche, sie näher zu bestimmen, so unbefriedigend? Sucht man nach Namen, so landet man bei Künstlerinnen. Man erklärt dann jene paradigmatischen Frauen zu Ikonen des Hipstertums, die eben den Geschmack der Hipster treffen: in der Malerei Elizabeth Peyton; im Film Chloë Sevigny; in der Musik Karen O, Kathleen Hanna und Kim Gordon, die jeweils für die nuller, für die neunziger und die achtziger Jahre stehen. Dann gibt es noch Deanna Templeton, Beth Ditto, Joanna Newsom, Björk und sogar die Publikumslieblinge Zooey Deschanel, Diablo Cody und M.I.A. Aber alle diese Frauen kann man nicht ernsthaft als Hipster bezeichnen, es sei denn, um ihre jeweiligen Leistungen herabzusetzen. Ihre wahren Wurzeln liegen anderswo – und daher entsprechen sie nicht ganz den Kriterien.

Hipster sind quasi per definitionem keine Künstler. Sie sind Kuratoren und Kritiker, Remixer und Designer oder eben jene Werbetexter und »Prosumenten«, die im Kielwasser der Künstler segeln. Im besten Fall, so scheint es, sind sie Kunststudenten: nach Höherem strebende kulturell Eingeweihte, die die Namen und Schlagworte vergangener Avantgarden aufsammeln, um sie zu horten oder ostentativ mit ihnen zu hantieren, ähnlich wie mit Kapital.

Oder – im Fall vieler Frauen – wie mit *Kleidern*. Es ist bezeichnend, dass die vermeintlichen Exemplare des »weiblichen Hipsters«, sobald sie einmal vom Hipster-Geschmack akzeptiert und für gut befunden wurden, nicht mehr für ihre Kunst gepriesen, sondern zu Stilikonen umfunktioniert worden sind: Chloë Sevigny wirbt für die Mode-Kette Opening Ceremony, (die auch als Cat Power bekannte) Chan Marshall für Chanel. Karen O von den Yeah Yeah Yeahs hat durch ihren Haarschnitt so viel zur Kultur beigetragen wie durch ihre Musik (ein Friseur in Los Angeles hat mir einmal erzählt, dass der »Karen« Mitte der nuller Jahre kurzzeitig die Antwort auf den »Rachel« war), und Enjoy-Your-Style.com feiert Kathleen Hanna von der Riot-Grrrl-Band Bikini Kill für Outfits, die »fun, ja sogar sexy« seien – Worte, die der Komponistin von »Suck my left one« und »Resist psychic death« kaum gefallen dürften. Selbst Jenny Holzer hat bei Keds eine eigene Schuhlinie: Ihre Sneakers aus einfarbigem Leinen, die den Käufer in serifenlosen, die Hacken zierenden Großbuchstaben anflehen: »Protect me from what I want«, gibt es für 75 Dollar bei Bloomingdales.

All das verweist auf eine unbefriedigende Teilwahrheit: Das privilegierte Wissen des weiblichen Hipsters ist nicht subkulturell, intellektuell oder auch nur pseudointellektuell, sondern es beinhaltet nur das übliche »weibliche« Wissen darüber, wie man auszusehen hat. Zu wissen, wann der Seitenpony dem kurzen, geraden Pony Platz gemacht hat oder wann der geschnürte Lederschuh den legeren Slipper verdrängt hat, rüttelt nicht an den Mauern irgendwelcher Machtstrukturen. Wenn es überhaupt irgendetwas bewirkt, dann stärkt es diese Strukturen von innen, es liefert ihnen sozusagen die Klammern und Stützpfeiler – Exklusivität, Neid, Ehrgeiz –, die die Modeindustrie am Laufen halten.

Irgendwann bemerkte man also, dass einige Männer sich plötzlich anders anzogen und nun eigenartige, einen Identitätswechsel markierende Klamotten wie enge Hosen und Cardigans trugen. Warum kamen Frauen in dem Diskurs, der versuchte, die Merkmale des männlichen Hipsters herauszuarbeiten, nicht vor? Das liegt vermutlich daran, dass die Menschen, die diesen Diskurs führten, nichts Neues darin zu erkennen vermochten (und vielleicht hat sich daran bis heute nichts geändert), dass sich Frauen auf eine bestimmte Weise kleiden, um sich einer Kultur anzupassen. Die Reduktion der Künstlerinnen auf den Status von »It-Girls« schien nur die Wahrnehmung zu bestätigen, dass Kleidung tatsächlich die eigentliche Kultur der Frauen darstellte, ihre vertraute Domäne. Diese Denkweise sah in der Formulierung »Hipster-Frau« eine redundante Banalität und in den Frauen, die Arm in Arm mit Williamsburger

Hipster-Männern unterwegs waren, bloße Spielarten der modebewussten Nicht-Hipster-Frau. Man ging mit anderen Worten davon aus, dass so etwas wie eine »Hipsterin« gar nicht existierte. Wenn Hipster Fashion Victims waren, dann waren im Umkehrschluss alle Frauen Hipster – und damit keine Hipster. Man brauchte diese Unterscheidung gar nicht.

Aber das stimmt so auch wieder nicht: Wir alle kennen Hipsterinnen und Frauen, die keine Hipsterinnen sind. Für beide Geschlechter ist Hipstertum vor allem ein Spiel mit Oberflächen, ein Spiel, bei dem bestimmte Signale an die Umwelt geschickt werden (ein Hipster ist jemand, der aussieht wie ein Hipster, oder um es mit dem berühmten Diktum des Bundesrichters Potter Stewart zu sagen: »Ich erkenne sie, wenn ich sie sehe.«). Während man männliche Hipster relativ leicht anhand einer Kombination einfacher Indikatoren erkennen konnte, verschwammen die Konturen der Hipsterin in einem Netzwerk komplexer Verweise. Wer Hipster-Frauen also über modische Details identifizieren wollte, suchte an der falschen Stelle. Letztendlich denke ich, dass sich Hipsterinnen weniger über ihre körperliche Erscheinung definieren als vielmehr über die *Präsentation* ihres Erscheinungsbilds und die Medien, die sie zur Selbstdarstellung nutzen.

Meine Hypothese wäre, dass ab 2004 – dem Jahr, als ich zum ersten Mal auf dieses Phänomen aufmerksam wurde – Party-Fotografie und fotografische Selbstporträts die wichtigsten Medien für die Inszenierung der Hipsterinnen waren. Zwei Formen der Amateurkunst also, für die sich die Hipster ganz allgemein besonders einsetzten. Auf dem Höhepunkt ihres Ruhms, ihrer Authentizität, ihrer Attraktivität, ihrer Spezifizität, ihres Einfallsreichtums – also ihrer »Abgerundetheit« als Sozialfigur – existierten die Hipsterinnen vor Kameras, sie waren fotogen und wurden fotografiert. Und darum wurde der weibliche Hipster auch genau hier definiert, durch die Linse der Kamera hindurch. Die Hipsterin existierte weiterhin als Muse und als Motiv, freilich als banalisiertes und zur Ausbeutung freigegebenes. Nichtsdestotrotz war sie eine Muse, für sich selbst und für andere Frauen.

Verfolgt man die Ursprünge der Hipster-Fotoästhetik, die sich an Party-Bildern und Selbstporträts ablesen lässt, in die Vergangenheit zurück, so landet man irgendwann unausweichlich bei der Polaroid-Kamera. Sieht man sich die Werke der berühmtesten Hipster-Fotografen der nuller Jahre an (also Terry Richardsons, Juergen Tellers, Dov Charneys[6] oder die Fotos des verstorbenen Dash Snow – natürlich alles Männer, aber muß man das noch extra betonen?), so lehnen sich selbst die Bilder eng an das visuelle Vokabular von Polaroid an, die mit digitalen oder traditionellen Kameras geschossen wurden: zu grelles Blitzlicht, ein gewagter Anteil nackter Haut, eine schmale Palette gedämpfter Braun- und Blautöne. Die bevorzugten Models der Hipster-Ästhetik waren blasse Frauen mit dünnen Beinen, verwuschelten Haaren und dunkel geschminkten Augen, Models, die aussahen, als hätte man sie am Rande eines Castings mit einer Polaroid-Kamera abgelichtet. Männer kamen eher als Statisten vor, die, wenn sie überhaupt etwas anhatten, dem Medium entsprechend angezogen waren: Tennissocken, weiße T-Shirts, engsitzende Hosen und Schnurrbärte. Man hatte den Eindruck, als hätten sie in dem Moment, als sie im Raster der Kamera auftauchten, eine Zeitreise in die Modeszene der siebziger Jahre unternommen.

Die Polaroid SX-70 kam 1972 auf den Markt und war bis zur Einführung der Digitalkameras der einzige massenhaft hergestellte und vertriebene Fotoapparat, der genau das leistete, was auch die neue Technologie auszeichnet: Sie lieferte Bilder, die unmittelbar und zugleich privat wirken. Im Laufe der Jahre wurden Digitalkameras immer billiger und leichter zugänglich, und schließlich waren sie gut genug, um mit traditionellen Analogkameras konkurrieren zu können. Das führte im Jahr 2001

6 Der 1969 in Montreal geborene Dov Charney gründete 1998 in Los Angeles das Mode-Label American Apparel. Die Kette ist eng mit der Hipster-Ästhetik verknüpft, die weltweite Ausdehnung des Filialnetzes gilt als ein Faktor für die von den USA ausgehende Globalisierung des Phänomens. Charney zeichnet auch für viele der charakteristischen, bisweilen als semipornografisch wahrgenommenen Anzeigen des Unternehmens verantwortlich: Er wählt die Models aus und fotografiert sie (Anm. d. Ü.).

zum Bankrott der Polaroid Corporation, und im Jahr 2008 wurde die Produktion von Sofortfilm schließlich (vorübergehend) eingestellt.[7]

Mit den neuen Digitalkameras konnte man aufgrund der Besonderheiten des Mediums zwar allerhand anstellen (man denke nicht zuletzt an die Möglichkeit, Bilder mithilfe von Photoshop nachzubearbeiten und zu verzerren), doch die Hipster zogen es vor, das neue, billige und bald allgegenwärtige Medium mit einer seltenen, im Aussterben begriffenen Gattung zu verknüpfen. Angesichts seiner Wurzeln in der Amateurpornografie, im Model-Business (wo mit Sofortbildkameras geschossene Porträts in Karteien gesammelt wurden) und der Polizeiarbeit (Polaroid-Kameras wurden oft eingesetzt, um die Situation am Tatort zu dokumentieren; da die Bilder nicht entwickelt werden mussten, konnte man sie nicht manipulieren oder nachträglich verbessern) schien der Look der älteren Technik alle Motive mit einer authentischen Sexiness zu überziehen. Er sprach somit genau die typische Ironie und Nostalgie der Hipster sowie ihren Fetischismus für veraltete Medien und taktile Erinnerungsstücke an. Das Beste an dem Ganzen war allerdings, dass es zwei paradoxe Ansprüche auf einmal erfüllte: den Wunsch nach einer gewissen Lo-Fi-Rohheit und zugleich nach der Möglichkeit, ein bestimmtes Selbst zu konstruieren (eine Sehnsucht, die erst von den digitalen Technologien geweckt worden war): Man konnte dabei zusehen, wie das eigene Bild auf dem Display der Kamera oder auf dem Bildschirm erschien, dann die Pose anpassen und sich erneut fotografieren. Selbst Amateure waren nun in der Lage, eine zweidimensionale Form der »Spontaneität« zu inszenieren und dabei so auszusehen, wie sie eben ausgesehen hätten, als man noch spontan und passiv von Kameras im Bild

7 Der Markenname Polaroid wurde von den neuen Eigentümern des Unternehmens weiterhin verwendet. Seit 2010 stellt das Unternehmen auch wieder analoge Sofortbild-Kameras her. Auf der Consumer Electronics Show in Las Vegas gab die Firma im selben Jahr bekannt, Lady Gaga werde in Zukunft als Creative Director von Polaroid fungieren. 2011 präsentierte die Sängerin dann tatsächlich neue Produkte, darunter eine Sonnenbrille mit eingebauter Kamera (Anm. d. Ü.).

»festgehalten« wurde, ohne irgendetwas vortäuschen zu können.

Und dann gibt es da natürlich noch Andy Warhol, der als »unehelicher« Vater des Hipstertums gelten kann. Warhol war auf Partys so gut wie unsichtbar, »es sei denn, er machte Fotos mit seiner Polaroid-Kamera«, wie sein Fotografen-Kollege Burt Glinn sich einmal erinnerte. Trotz all des zeitgenössischen Geredes über seinen Postmodernismus waren seine Fotos und Filme Werke von obsessiver Authentizität. Jedes Polaroid und jede Probeaufnahme suggeriert die Anwesenheit einer wirklichen Person auf der anderen Seite der Kamera, die in diesem einzigartigen Moment lebendig war und sich vor der lediglich passiven Linse manifestierte. Transvestiten, Sternchen, Drogenabhängige, Salonlöwinnen, Strichjungen – sie alle verwandelten das grauenvoll Ungewöhnliche in Glamour. *So war das Leben*, behauptete Warhols Kamera, und nach ihm schien Polaroid untrennbar mit einem solchen Anspruch verbunden zu sein. Auf Warhols Erbe reitende, Polaroids schwenkende Ästheten späterer Jahrzehnte suchten in der New Yorker Clubszene nach einer ähnlichen Intimität und vergleichbarem Glamour. Und so wurde schließlich im Jahr 2004 die Hipster-Partyfotografie geboren.

In jenem Jahr fand der Prominenten-Fotograf Jeremy Kost »Inspiration in den eklektischen und düsteren Figuren des legendären New Yorker Undergrounds im East Village und der Lower East Side«. Er begann, echte Polaroid-Schnappschüsse von Hipstern und Angehörigen der »Mode-Elite« zu schießen und diese auf seiner Website RoidRage.com zu veröffentlichen (Motto: »Where life becomes art«). Im selben Moment fing Mark Hunter, ein in Los Angeles lebender Party-Fotograf, der vor allem unter seinem Online-Pseudonym »The Cobra Snake« bekannt ist, damit an, für seine Website PolaroidScene.com lärmende Ost- und Westküsten-Hipster zu knipsen. (Hunter musste die Seite später in thecobrasnake.com umbenennen, nachdem er mehrere Briefe von der Rechtsabteilung von Polaroid erhalten hatte, in denen behauptet wurde, seine Fotos betrunkener und unterernährter reicher Kids sowie tätowierter Szenetypen würden die Marke beschädigen. »[Sie sagten,] sie würden mich in Grund und Boden klagen, wenn ich nicht aufhören würde, den Namen zu verwenden«, erzählte Hunter in einem Interview mit der nach eigenen Angaben geschmacksbildenden Seite TheBrillance.com. »Das Gute ist, dass ich jetzt eigentlich besser dran bin. Die Leute würden sonst immer noch sagen, ›Hey, das ist gar keine Polaroid-Kamera‹.«)

Der vielleicht berühmteste aller von der Polaroid-Ästhetik inspirierten Hipster-Foto-Blogs dürfte schließlich LastNightsParty.com sein (der ebenfalls 2004 gestartet wurde), ein geistiges Kind des Musikers Merlin Bronques, der in seiner Künstlerbiografie behauptet, Fotografie sei »mehr Rock'n'Roll als der Rock'n'Roll« selbst. Bronques war berüchtigt dafür, nachts glänzende Perücken und Sonnenbrillen zu tragen (eine zum Halloween-Kostüm geronnene Warhol-Hommage, wie Melena Ryzik 2005 in einem Artikel für die *New York Times* angemerkt hat) und attraktive betrunkene Frauen bei New Yorker Prominenten-Partys zu anzüglichen Posen zu überreden. Wie Kost und Hunter fotografierte auch Bronques Prominente, Partylöwen, Twenty-Somethings und einen neuen Typus »düsterer Gestalten«, sich selbst ganz bewusst inszenierende Performer, die jene Halbwelt bevölkerten – Drag Queens, Pornostars und Burlesque-Künstlerinnen.

Die meisten der Events, die von den drei Foto-Bloggern festgehalten wurden, waren von Großunternehmen und Markenfirmen gesponserte After-Partys an bekannten Locations – Partys zur Markteinführung der Sony PlayStation, der neuen Kollektion der britischen Bekleidungsfirma Ben Sherman oder des Tequilas von Patrón. Bei Bronques und Hunter waren es allerdings vor allem auf privaten Geburtstagsfeiern oder Ausflügen in »hippe« Wohngegenden aufgenommene Schnappschüsse, die auf eher unkonventionelle Weise veranschaulichten, wie die Hipster ihre Zeit totschlugen. Die Mädchen sahen immer gut aus, selbst wenn ihre Blick irgendwie hohl und wenig lebendig wirkten. Nicht jeder war eine Berühmtheit, aber jeder sah so aus.

Zwar schossen weder Bronques noch Hunter je Polaroids (beide benutzen bis heute Digitalkameras), dennoch bewahrten sowohl LastNightsParty.com als auch thecobrasnake.com sich etwas von der Beweiskraft dieser Ästhetik. Schon 2005 hatten die beiden Seiten innerhalb der Hipster-Szene so etwas wie die Funktion von Notaren inne: Schaffte man es auf diese virtuellen Seiten, galt man »offiziell« als Hipster. Und, darauf aufbauend, konnte man sich dann weiter mit dem Milieu identifizieren oder sich davon distanzieren. Carles, der geheimnisvolle Blogger hinter der popsoziologischen Website HipsterRunoff.com hat abgestritten (und damit gleichzeitig bestätigt), ein bestimmtes Niveau an Hipstertum erreicht zu haben, als er schrieb: »Ich war nur 2-mal auf cobrasnake + 1-mal auf last nights party.« Die permanent das Netz durchforstenden Jungs, die ihre Studien über »Das große Spiel« in dem Aufreißer-Forum RooshV.com dokumentieren, nutzten die Fotos auf LastNightsParty.com, um ihre alte Debatte darüber beizulegen, ob »Hipster-Tussis« so »heiß« seien, dass es sich lohne, ihre ausgefeilten Techniken der Gedankenmanipulation auf sie anzuwenden. (Ihr Urteil: Hipster-Frauen können zwar im Prinzip »heiß sein – wirklich heiß«, mit ihnen verbanden sich aber zunächst versteckte Kosten: »Ich habe keine Lust, herumzusitzen und die ganze Nacht über Arcade Fire und Andy Warhol zu reden.«)

Die Verführer hielten sich für ihre Hipster-Definition völlig zu Recht an diese Website, denn dort kristallisierte sich ein bemerkenswert stabiles und klar konturiertes Bild der Hipsterinnen heraus – so unterschiedlich die Frauen, die es verkörperten, außerhalb des Blickfelds der Kamera sein mochten. Die Hipster-Frau war dünn und hatte oft einen Pony; sie trug roten Lippenstift und eine Hornbrille, Lederjacken und Secondhand-Kleider. Einheitlicher als ihre Outfits waren jedoch ihre Posen; platzierte man eine Hipsterin vor einer Kamera, starrte sie einfach direkt hinein – mit einem unzufriedenen Gesichtsausdruck oder dem Blick eines aufgeschreckten Rehs. Oder sie zog das Kinn zu einer ihrer Schultern hinunter und raffte sich zu einem nachdenklichen Schmollmund oder geschürzten Lippen auf. Manchmal stieg sie aber auch auf einen Tisch, zog ihre Hose aus, streckte ihre Zunge heraus oder exte eine Literflasche, während sie sich in die Arme der feiernden Menge fallen ließ. Meistens starrte sie jedoch einfach nur verführerisch oder gelangweilt in die Kamera, ohne zu lächeln.

Aus diesen Posen ergaben sich Hinweise auf eine bestimmte Persönlichkeit. Dutzende und Aberdutzende von Partyfotos belegten die wesenhafte »Lockerheit« des weiblichen Hipsters – was sowohl heißen konnte, ganz »locker« mit Vincent Gallo auf einer Veranda zu sitzen und American Spirits zu rauchen, als auch ganz »locker« vor Fremden das Top auszuziehen. (»Obenohne« ist bei LastNightsParty.com bis heute ein Hauptbildmotiv und für die Seite in gewisser Weise so essenziell wie für die Erotikwebsite GirlsgoneWild.com.) Hipster-Frauen konnten, wie es ein New Yorker Blogger in einem Interview mit Bronques ausdrückte, auch »heiß/interessant« sein – nie aber waren sie heiß/interessant auf Kosten ihrer Lockerheit. Mark Hunter hat einmal gesagt, er möge am liebsten Mädchen, die »auf dem Boden sitzen und eine entspannte Einstellung zu den Dingen haben«, und am liebsten Fotos »von dünnen Mädchen, die auf dem Boden sitzen«. Und genau solche Fotos bekam sein Publikum auch zu sehen: Bilder von Hunderten lockerer dünner Mädchen, die auf dem Boden saßen.

Am besten wurde Hunters Ideal der lockeren Hipster-Frau wahrscheinlich von Cory Kennedy verkörpert, seiner Ex-Freundin, Praktikantin und Muse. Cory wurde schnell zur vermutlich ikonischsten Hipsterin, die die Party-Fotografie der nuller Jahre hervorbrachte. Cory Kennedy war Hunters Edie Sedgwick, ein junges Mädchen, das er laut einem Artikel im *LA Times Magazine* bei einem Blood-Brothers-Konzert im El Ray kennengelernt hatte, als Cory erst 15 war. Als Hunter sie auf Partys mitnahm, dort fotografierte und die Bilder auf seine Website stellte, war Cory bald berühmt dafür, berühmt zu sein, besonders bei den am Computer klebenden Vorstadt-Mädchen, die sie einfach dafür liebten, wie sie aussah: blass und dünn, mit wirrem braunem Haar, spitzen Ellbogen, Knien voll blauer Flecken und einem wächsernen, verschleierten Blick. Sie trug löchrige schwarze Strumpfhosen und klobigen Schmuck an ihren Armen, setzte sich überall auf den Boden und machte alberne Sachen, sie spielte mit ihrem Essen oder streckte ihre von Süßigkeiten verschmierte Zunge heraus, während die Leute um sie herum Kokainreste von ihren Nasen wischten und versuchten, sexy auszusehen. Immer wenn Hunter Fotos von Cory Kennedy auf thecobrasnake.com postete, erreichten die Zugriffszahlen Spitzenwerte. Überwiegend, so erzählte Hunter Shawn Hubler von der *LA Times*, »via Mode-Community-Seiten«.

So wurde Cory Kennedy ebenfalls zu einer Stilikone, nicht nur in den USA, sondern auch in den Niederlanden oder Argentinien. Sie inspirierte Heerscharen junger Frauen auf der ganzen Welt dazu, selbst Bilder von sich zu schießen, und die Ergebnisse präsentierten sie in ihren Profilen bei den sozialen Netzwerken, in LiveJournals und persönlichen Blogs, auf Dating-Seiten wie Nerve.com und in Secondhand-»Läden« bei eBay, wo Damen mit Unternehmergeist selbst Modell standen und die Mode, die auf den Hipster-Foto-Blogs zu sehen war, unter leicht auffindbaren Überschriften verkauften: »VINTAGE HIPSTER INDIE BOHO BLUMENMUSTER STRAMPELANZUG CORY KENNEDY«. Sich selbst zu fotografieren wurde zu einer Methode, mit der man sich im privaten Bereich als Hipster ausprobieren oder sich hinter Stirnfransen verstecken und in zerlöcherten Strumpfhosen auf den Bürgersteigen im eigenen Viertel herumsitzen konnte.

Als die Cory-Manie 2006 oder 2007 ihren Höhepunkt erreichte, war die Selbstfotografie bereits zu einer etablierten kulturellen Praxis geworden, die für die Konstruktion einer Online-Persönlichkeit so wesentlich war wie eine Liste der Lieblingsfilme, -bücher oder -menschen. Und so fügte sich die Selbstkonstruktion des weiblichen Hipsters nahtlos in die bestehenden Gewohnheiten des Mainstreams ein, wo die Menschen bereits dabei waren herauszufinden, wie sie sich selbst für andere verpacken und präsentieren konnten. Das Internet war schließlich nicht nur für die Hipster da.

Vor vier oder fünf Jahren mag sich die Hipster-Frau durch Selbstporträts im Hipster-Look – leicht überbelichtet, starrer Blick, verrutschte Perspektive oder Cory-Kennedy-Outfit – von irgendetwas abgehoben haben, doch heute gehört sie damit zum Mainstream. Im Juni 2010 erschien in der *New York*

Times im Ressort Fashion & Style ein Artikel, in dem die DJane und Hipster-Fotografin Rachel Chandler Tipps für das Anfertigen fotografischer Selbstporträts gab (durch technische Innovationen wie die zweite, dem Nutzer zugewandte Kamera des iPhone habe sich das Phänomen laut David Colman, dem Autor des Artikels, noch weiter ausgebreitet). Die Beispiel-Fotos (sie sind immer noch auf der Website der *New York Times* zu sehen; Anm. d. Ü.), die den Artikel ergänzten (überschrieben war die Bilderserie mit »Das Model des Jahres: Ich«), buchstabierten den Kanon der Hipster-Selbstfotografie so explizit aus, dass es schon beinahe erschütternd war.

Zu einem Porträt, das sie selbst am Strand zeigt (sie liegt auf einem weißen Handtuch auf dem Rücken, trägt eine Ray-Ban-Sonnenbrille und einen braunen Bikini, neben dem Handtuch ist eine leere Kartusche für Polaroid-Rohlinge zu sehen), erläutert Rachel Chandler: »Wenn Sie sich schon die Mühe machen, wirklich mit einer Polaroid zu arbeiten, anstatt das mit Photoshop nachzuahmen, dann sollten Sie auf jeden Fall irgendeinen Beweis im Bild unterbringen, zum Beispiel eine leere Kartusche.« Zu einem leicht überbelichteten Glamour-Shot, der Chandler unter einer Bougainvillea zeigt, heißt es:

> »Viele Leute versuchen, die Probleme mit einem billigen Blitz in den Griff zu bekommen, indem sie ihn ausschalten oder niedriger einstellen. Frau Chandler betont jedoch, dass es auch die Möglichkeit gibt, den Blitz extra hell einzustellen. Das lässt Falten verschwinden und gibt dem Foto einen modernen Look, vor allem wenn man dazu eine leicht übertriebene Vamp-Pose einnimmt.«

Erst nach dem Auftauchen von RoidRage.com, thecobrasnake.com, LastNightsParty.com und Cory Kennedy – und jener Selbstporträts, die die Hipster-Ästhetik kopierten, ein Trend, der bald auf die Social-Network-Seiten übergriff – nahm ich an meiner eigenen Highschool in Los Angeles die ersten Hipster wahr. Und erst ab diesem Moment entdeckte ich plötzlich Röhrenjeans, Hornbrillen, Vintage-Klamotten und ausgeleierte

Flanellhemden, auf deren Preisschildern unerhörte Summen standen; nicht bei Secondhand-Läden wie Jet Rag oder Aardvarks, sondern in den grell ausgeleuchteten Schaufenstern der Boutiquen von Beverly Hills – weit entfernt also von den aufkeimenden Hipster-Enklaven von Silverlake und Echo Park. Es war, als ob die Essenz des weiblichen Hipsters destilliert und abgepackt worden wäre und den logisch vorgezeichneten Weg in die High-End-Damenmode gefunden hätte, um dann via Urban Outfitters, Forever 21 oder Target wieder nach unten zu sickern.

Je mehr Zeit vergeht und je mehr Fotos von Hipstern auf Blogs wie latfh.com (»Look at this fucking hipster«) oder auf von Usern gestalteten Mode-Websites wie lookbook.nu auftauchen, wo Mädchen (und Jungs) in hippen Outfits Modell stehen und sich fotografieren, damit andere sie »liken« und ranken können, desto stärker hat es den Anschein, als sei der im Jahr

»This Year's Model: Me« Bild aus der Fotostrecke zu dem am 30. Juli 2010 erschienenen Artikel »Me, Myself and iPhone« von David Colman (© Rachel Chandler/The New York Times/Redux/laif).

2004 geborene weibliche Hipster eine reine Erfindung der Fotografie, die dann irgendwann zu damals 15-Jährigen wie mir vordrang. Wie bei vielen Fantasien, in denen es um Frauen geht, war die Fotografie auch dieses Mal der einzige Ort, an dem das Hipster-Ideal der Schönen im Kinderkörper, die eine unverschämt gute Zeit hat, gedankenverloren durch Industriebrachen wandert oder »ironisch« mit der Geschichte der sexuellen Unterwerfung spielt, indem sie nackt für eine Bekleidungsfirma posiert, tatsächlich existieren konnte.

Vielleicht war dieses für die Kamera gespielte Leben ja jenem vorzuziehen, das junge Frauen in dieser Zeit wirklich lebten: Sie rissen ihre Stunden in irgendeinem wenig berauschenden Job im Marketing oder Einzelhandel ab; ließen Mahlzeiten aus, um sich überteuerte Vintage-Klamotten leisten zu können (und um hineinzupassen); trafen sich mit Typen aus Noise/Indie/Art-Rock-Bands, die sich später als nutzlose Verlierer entpuppten. Vielleicht zogen sie dann wieder bei ihren Eltern ein, oder sie machten irgendwie Kunst und bekamen – wenn sie Glück hatten – ein wenig Aufmerksamkeit. Wo Warhols Fotografien Anspruch auf einen gewissen Realitätsgehalt erhoben, bekannten sich die Party- und Selbstfotografien der weiblichen Hipster bewusst zur Künstlichkeit. »Das Leben ist nicht so«, schienen diese Fotos zu sagen. »Aber seit wann dürfen Mädchen nicht mehr träumen?« Über die Partyszene selbst hat Cory Kennedy übrigens in der *LA Times* gesagt: »Die kam wilder rüber, als sie wirklich war.«

Aus dem Englischen von Niklas Hofmann

MARK GREIF

Nachruf auf den weißen Hipster

Als die Stadt New York am 14. August 2003 von einem großen Stromausfall heimgesucht wurde, erinnerten sich die Nachrichtensprecher und Radiomoderatoren, deren Stimmen nun überall auf den Straßen aus den (batteriebetriebenen) Radios tönten, mit einer Mischung aus Furcht und Vorfreude an die Plünderungen, die New York während des großen Blackouts von 1977 ins Chaos gestürzt und die Nation schockiert hatten. Erneut fiel also der Mantel der Dunkelheit über die Metropole, die sich inzwischen in einen Post-Disney-Vergnügungspark verwandelt und von der Rückkehr der weißen Bevölkerung in die Innenstadt und die darauf folgende Gentrifizierung der neunziger Jahre profitiert hatte. Zusammen mit der strikten Null-Toleranz-Strategie unter Bürgermeister Rudolph Giuliani und Polizeichef William J. Bratton (einen Eindruck davon vermittelt der Dokumentarfilm *Giuliani Time* aus dem Jahr 2005) führte dies zu fallenden Kriminalitätsraten, einem allgemeinen Boom und Immobilienpreisen, die auch nach der Katastrophe vom 11. September 2001 weiter anstiegen. Sollte diese Erfolgsgeschichte nun ein jähes Ende finden? 14 Stunden später schien die Morgensonne auf intakte Schaufenster und friedliche Straßen. Die Behörden waren euphorisch. Die Stadtteile Crown Heights und Bushwick, die ein Vierteljahrhundert zuvor der Schauplatz der schlimmsten Unruhen gewesen waren, blieben ruhig. Es gab keine Plünderungen. Oder zumindest: so gut wie keine Plünderungen. Oder: nicht in einem Ausmaß, dass sich irgendjemand darum gekümmert hätte, nicht in New York, nicht in Manhattan. Eigentlich gab es nur ein paar Vorfälle, die die Medien überhaupt als ihrer Berichterstattung würdig empfanden. Und dabei ging es um etwas, das ein paar Hipstern auf der Lower East Side passiert war.

Schauplatz des Geschehens war das kleine Geschäft Alife im

südlichen Manhattan. Der Name wird »A-Life« ausgesprochen, ganz so, als ob man der eigenen Existenz durch einen Einkauf dort eine besondere Qualität verleihen könnte – ein Leben der Güteklasse A. Alife ist nach Auskunft der Betreiber eine Beratungsfirma für Markenmanagement und Design. In der Szene ist der Laden allerdings vor allem als Fachgeschäft für überteuerte Turnschuhe bekannt; ein Shop, in dem zwischen exzentrischen Einrichtungsgegenständen wie BMX-Rädern, Motorradjacken, Kunstrasen und Graffiti-Gemälden auch limitierte Nike-Editionen oder maßgefertigte Chuck Taylors für bis zu 800 Dollar verkauft werden.

Das Geschäft war eine Anomalie in der Orchard Street und hatte mir seit dem Tag der Eröffnung ein unangenehmes Gefühl bereitet, ein Gefühl, das mich auch überkommt, wenn Konservative von der »weißen Kultur« sprechen. Der Laden lief allerdings hervorragend. Nach einiger Zeit eröffneten die Betreiber auch noch einen exklusiven und geheimen Club, der den Schneidereien der Londoner Savile Row nachempfunden war, bei dem man klingeln musste und in dem Turnschuhe an Kunden verkauft wurden, die sich von dem fehlenden Branchenbucheintrag, der blanken Stahltür und dem »Members only«-Getue nicht abschrecken ließen. Alife drang mit diesem Geschäft in eine Gegend vor, in der vor allem Puerto-Ricaner, Afroamerikaner und Juden lebten, ausgerechnet in eine Straße übrigens, in der traditionell preiswerte Lederprodukte und Klamotten verkauft wurden. Ab dem Jahr 1999 bildete der Laden dann jedoch den westlichen Brückenkopf einer schnell wachsenden Gemeinschaft neuer Anwohner, die meines Wissens nie anders bezeichnet wurden denn als Hipster. Diese Enklave erstreckte sich von der Orchard Street über die Rivington Street, in der der Turnschuh-Club lag, in Richtung Osten bis zur Clinton Street und dem sündhaft teuren Restaurant 59 Clinton Fresh Food, das von wohlhabenden Gästen besucht wurde, die in Taxis und Limousinen vorfuhren und beim Betreten des Bürgersteiges immer einen belustigten Ausdruck im Gesicht hatten.[8]

8 Küchenchef und Inhaber Wylie Dufresne war zum Zeitpunkt der Eröffnung

Am Tag des Stromausfalls von 2003 drangen Diebe um kurz vor 23 Uhr über eine zwischen Mülltonnen gelegene Seitentür in den Alife Club ein. Eine schnell wachsende Menge begann, die Lagerräume zu plündern. Kurz darauf kam der Eigentümer dazu und schlug mit einer Taschenlampe auf die schattenhaften Gestalten ein, um sie auseinanderzutreiben. Der Mob wehrte sich und warf mit Glasflaschen. Der Kampf begann. Auf der Lower East Side hatten die Menschen schon immer gerne Turnschuhe getragen. Die Pionierleistung von Alife bestand vor allem darin, genau die Produkte, die eine Ecke weiter bei berühmten Discountern wie Jimmy Jazz oder Richie's als Sonderangebote an eine überwiegend schwarze oder mexikanische Kundschaft verkauft wurden, in einem magischen Akt, der Design, Preisgestaltung und Markenpflege umfasste, in edle Artefakte zu verwandeln – Alife sprach vor allem Touristen und Bewohner anderer Stadtteile an und warb zudem mit dem aufregenden Einkaufserlebnis in einem der letzten armen Stadtteile innerhalb der Grenzen Manhattans. Bei Jimmy Jazz oder Richie's kam es in jener finsteren Nacht im August 2003 übrigens zu keinen besonderen Vorkommnissen, immerhin warf jemand einen Pflasterstein durch das Schaufenster der Foot-Locker-Filiale in der nahen Delancey Street, und in Brooklyn wurde ebenfalls eine Filiale der Kette geplündert. Aus dem Hipster-Archipel wurde allerdings nach dieser dunklen, dunklen Nacht von Angriffen, versuchten Plünderungen und Einbrüchen in Schuhgeschäfte berichtet, die vor allem reiche weiße Kunden bedienten – etwa bei den Alife-Epigonen Nort in der Eldridge Street und Classickicks in der Elizabeth Street; selbst relativ weit westlich, in dem Teil von Little Italy, den Makler seit Neuestem als »Nolita« (North of Little Italy; Anm. d. Ü.) anpreisen, erwischte es einen Laden namens Prohibited.

noch kein Star des Kabelkochsenders Food Network und entschied sich dem Vernehmen nach für die Gegend, weil er hier aufgewachsen war – keine unübliche Biografie für Pioniere, die eine Gegend erschließen, die von der reichen Kundschaft noch nicht frequentiert wird.

Ich hatte damals das Gefühl, dass sich das Viertel an den neuen Bewohnern rächen wollte – zugegebenermaßen auf eine recht lächerliche Art und Weise und umso bedauerlicher, da die Glasscherben vor dem Alife-Shop zu einigen Besuchen in der Notaufnahme führten. Es war jedoch bislang der einzige Gegenschlag des Viertels gegen die Hipster, der mir zu Ohren gekommen ist. Und natürlich ist die Frage erlaubt, ob es sich überhaupt um eine Form der Ablehnung handelt, wenn man versucht, die unbezahlbaren Güter auf der anderen Seite eines glitzernden Schaufensters zu ergattern.

Ich habe einen ungewöhnlichen Blick auf dieses Szenario, der gleich durch zwei Faktoren verzerrt ist, der sich meiner Meinung nach aber trotzdem für eine amateursoziologische Studie eignet. Die Familie meines Vaters lebte seit dem Beginn des 20. Jahrhunderts in verschiedenen Wohnungen in der Willett Street, einer kleinen Straße am östlichen Rand der Lower East Side. Die Straßenzüge und Infrastrukturen der Gegend waren mir also von Kindheit an vertraut. Meine Oma und mein Vater hatten mir als Kind immer lokale Legenden und Anekdoten erzählt, die sich als zusätzliche Informationsschicht über die realen Straßen legten, diese Mischung aus Apartments, Arbeiterwohnungen und Sozialbauten, und so die Vergangenheit am Leben erhielten. Ich hatte also eine ganz gute Vorstellung von der Gebäudestruktur und der Einwohnerschaft des Viertels. Die allmählichen Veränderungen, die sich ab den achtziger Jahren in dem Viertel nördlich der Delancey Street vollzogen, konnte ich vom Küchenfenster meiner Großmutter aus recht gut beobachten, da ich sie damals mehrmals im Jahr besuchte, meist blieb ich für etwa einen Monat. Einige Jahre später blickte ich dann erstaunt in jene Straßenzüge, die später das Epizentrum dieser neuen Kultur bilden sollten, also das Gebiet zwischen der Houston Street im Norden, der Delancey (und später Grand) Street im Süden, der Clinton Street im Osten und der Orchard (später Allen) Street im Westen. Damals war ich in einem Alter, in dem ich verzweifelt herauszufinden versuchte, was »die jungen Leute« denn eigentlich so trieben – dabei waren alle Leute, die ich dort antraf, deutlich älter als ich. Ich las

Hipster-Kataloge und -Flyer, besuchte ihre Geschäfte, führte Gespräche und machte mir Notizen.[9]

Eine Anmerkung vielleicht noch zu der Tatsache, dass wir unsere alten Lebensräume immer mit einem Gefühl der nostalgischen Verklärung betrachten: Als ich das Viertel in den siebziger und achtziger Jahren als kleiner Junge besuchte, hatte ich mich daran gewöhnt, die Straßen so zu sehen wie mein Vater und zuvor meine Großmutter, was auch daran lag, wie die Straße uns sah: als arme, im Prinzip orthodoxe Juden, die seit Jahrzehnten neben armen Puerto-Ricanern und armen Schwarzen lebten. Die Einkommensunterschiede waren damals längst nicht so dramatisch wie heute, meine Familie war eine Familie wie alle

9 Obwohl ich in meinem Vortrag versucht habe, eine Reihe unterschiedlicher Definitionen des Begriffs »Hipster« auszubuchstabieren, verwende ich den Begriff hier eher naiv und ohne bestimmte Bedeutung, also eher so, wie er damals im historischen Kontext auftauchte. Ich verwende das Wort also möglicherweise anders als der Leser, am Ende kommen die beiden Bedeutungen jedoch vielleicht wieder zur Deckung.

Es bleibt allerdings die Frage, warum der Begriff selbst aufgetaucht ist. Ich bin mir ziemlich sicher, dass mir bereits in dem Moment, als ich meiner Familie Ende der neunziger Jahre zum ersten Mal von den Veränderungen auf der anderen Seite der Delancey Street berichtete, klar war, dass ich diese Neuankömmlinge nur als »Hipster« bezeichnen konnte. Soweit ich mich erinnere, hatte ich das Wort damals auch nicht irgendwo aufgeschnappt. Wenn das stimmt, dann würde das ja bedeuten, dass ich den Begriff vom Phänotyp und vom Verhalten der Zugezogenen »abgelesen« hatte. Das Wort »Hipster« bezog sich zumindest teilweise auf eine Aura, die Leute umwehte, die von wichtigen Bands und Labels immer früher wussten als die anderen – sie waren also, und das sagt man ja auch heute noch so, »hipper« als man selbst. Außerdem muss der Hipster-Look im Jahr 1999 immer noch eine gewisse Kontinuität zum kurzlebigen Neo-Beat-Trend oder zur Nostalgie für die Hipster-Szene der fünfziger Jahre gehabt haben (mit all den Kinnbärten, Fedora-Hüten und den Kunstblumen, die man in der Ära des Swing trug). Trends also, die das Magazin *Baffler* im Laufe der neunziger Jahre gnadenlos dokumentierte und als Marketing-Gag attackierte. Die Bilanz findet man in der Anthologie *Commodify Your Dissent* (1997). Um die etymologische Herleitung zusammenzufassen: Ich denke, dass der Stil der allerersten Hipster viele Menschen an die »alten« Hipster der fünfziger Jahre erinnerte und dass der Begriff aus diesem Grund plötzlich wieder auftauchte. Eine Rolle spielten sicherlich auch die Klagen über jenen hippen Snobismus, dem man während dieser Dekade nicht entkommen konnte (vgl. dazu das *Time*-Cover vom 8. August 1994, das online immer noch zugänglich ist).

anderen auch und sozial gut integriert. All das fand ich auf eine irgendwie unangebrachte Weise aufregend, gleichzeitig aber auch beruhigend und irgendwie befreiend. Die Besuche waren ein Ausbruch aus meiner eigentlichen Heimat. Und ich bin mir natürlich bewusst, dass solche Gefühle immer verdächtig sind. Mein Vater, der uns dank seines Studiums und seines Bürojobs den sozialen Aufstieg ermöglicht hatte, fand meine Sympathie für die Rüpelhaftigkeit, den Schmutz und vor allem den sozialen Wohnungsbau ziemlich naiv. Gerade die sogenannten »Projects« der Gegend waren in meiner Familie seit den sechziger Jahren ein kontroverses Thema, nicht nur, weil sich die ethnische und religiöse Zusammensetzung der Nachbarschaft durch die neuen Bewohner der Sozialsiedlungen verändert hatte. Auch das Geburtshaus meines Großvaters hatte einer solchen Wohnanlage weichen müssen.

Wenn ich die hipsterisierten Stadtteile im nördlichen Teil von Lower Manhattan betrat, wurde ich dort so behandelt wie in meiner eigentlichen Heimat, einer wohlhabenden Vorstadt von Boston, auch: als privilegierter Weißer unter anderen privilegierten Weißen. In unserer Klasse bezeichnet man sich ja immer als »Mittelschicht«, aber eigentlich machen das in Amerika alle gern. Ich versuchte damals, meinem Vater, der die Arbeiterklasse hinter sich gelassen hatte, in endlosen Streitgesprächen klarzumachen, dass wir schon deshalb *reich* waren, weil wir in Newton, Massachusetts, lebten. Laut den einschlägigen Statistiken lag der Median beim Haushaltseinkommen in dieser Zeit USA-weit bei etwa 50 000 Dollar (diese Zahl hat sich übrigens auch in den Boom-Jahren zwischen 1999 und 2009 nicht groß verändert). Auf der Lower East Side lag er allerdings bei lediglich 28 000 Dollar, und dreißig Prozent aller Familien lebten unterhalb der offiziellen Armutsgrenze. Die weißen Hipster aber waren wie ich. Man muss schon eine sehr starke Persönlichkeit haben, um der Wiederherstellung eigener Privilegien zu widerstehen, und deshalb ging ich in diesen Jahren überaus gerne in die Rivington Street, um in einem der neuen Cafés zu lesen, einem Café, auch das soll nicht verschwiegen werden, in dem die Leute wesentlich besser aussahen als in Boston. Auf der anderen

Seite hätte man schon mit Blindheit geschlagen sein müssen, um nicht zu bemerken, dass die Blüte der Bars und Boutiquen sowie all die Studienfreunde, die mir erzählten, sie würden jetzt auch bald in die Gegend ziehen, ihren Preis hatten: Die alten Tante-Emma-Läden, auf die meine Großmutter angewiesen gewesen war, verschwanden allmählich. Nicht nur das jüdische Lebensmittelgeschäft Ratner's mit seinen koscheren Spezialitäten oder das Kleidungsgeschäft Friedman's, sondern auch die puerto-ricanische Cocina Frita an der Ecke der Clinton Street und all die anderen günstigen Geschäfte, in denen die orthodoxen Nachbarn meiner Großmutter und die Bewohner der Samuel Gompers Houses auf der anderen Straßenseite eingekauft hatten.

Nie zuvor hatte ich den Wandel einer urbanen Region aus solcher Nähe miterlebt. Wobei ich zuvor überhaupt noch nie einen Wandel dieses Ausmaßes beobachtet hatte. Natürlich war ich längst mit der Idee der Boheme vertraut, doch es war offensichtlich, dass es sich bei dem Hipster-Viertel nicht um ein Boheme-Biotop handelte, das waren ja schließlich keine Künstler. Gelegentlich kamen Künstler vorbei, um einen Kaffee zu trinken, aber ihre Präsenz in der Gegend hielt sich insgesamt sehr in Grenzen. Die Menschen hier produzierten keine Kunstwerke, sie »machten« Produkte. In den Schaufenstern wurden überteuerte Gitarren feilgeboten und überteuerte Turnschuhe, es gab jede Menge überteuerter Lebensmittel und eine enorme Masse an überteuerten Klamotten. Diese Produkte wurden für gewöhnlich in einer Umgebung präsentiert, die sich am Design und den Kennzeichen von Kunstgalerien oder kleinen Ateliers orientierte, aber Kunst-Produktion im eigentlichen Sinne und die traditionelle Lebensweise der Künstler fanden nicht statt. Immer wieder kam es vor, dass ich einen Laden betrat, den ich zunächst für einen Gebrauchtwarenladen oder eine Filiale der Diakonie gehalten hatte, nur um dann festzustellen, dass es sich um einen Concept Store handelte, eine sorgfältig gestaltete Konsumumgebung. Die Secondhand-Klamotten waren wesentlich teurer als die neuen Hemden, die ich zwei Mal im Jahr bei Filene's erstand. Die Preise waren sogar dermaßen hoch, dass ich mich des Eindrucks nicht erwehren konnte, mich in Gesellschaft von Menschen zu befinden, die wesentlich besser gestellt waren als ich – eine durchaus überraschende Erkenntnis, da die üblichen Statussymbole und Reichtumsindikatoren fehlten. (Erst wesentlich später habe ich realisiert, dass viele der Leute, die hier zumindest auf der Straße ihr Erscheinungsbild aufrechterhielten, ihren Lebensstil mit Kreditkartenschulden finanzierten oder mit ihrem Einkommen gerade so über die Runden kamen.)

Ein weiterer wichtiger Punkt: Die jugendlichen Hipster hatten nichts mit Punk, Grunge, Rockabilly, Ska, Mods oder Hardcore zu tun, was bedeutete, dass ich mit einer ganz neuen Form von Subkultur konfrontiert war. Wenn man davon ausging, dass die beiden großen Lebenslinien der kritischen Jugend-Subkultur in Amerika aus Punk und Do-it-yourself auf der einen und der umweltbewussten und autoritätsskeptischen Tradition der Kiffer, Jam Bands, Veganer, Rastafaris und Hippies auf der anderen Seite (sowie ihren zahlreichen Mischformen) bestehen, dann fiel einem plötzlich auf, dass all das fehlte. Und dann gefielen sich die Hipster auch noch mit ihren Verstößen gegen die Moral und den guten Geschmack, die die anderen Subkulturen niemals toleriert hätten. Auch das war ein Grund, warum ich manchmal wünschte, es möge doch bitte jemand einen Stein in diese Schaufenster werfen. Die jüdischen Geschäfte in der Gegend hatten traditionellerweise billige Kleidung, Unterwäsche und Kurzwaren verkauft. Die Hipster-Boutiquen verdrängten die alten Besitzer und fanden es nach der feindlichen Übernahme auch noch witzig, die alten, nun plötzlich ironisch gemeinten Namen und Schilder der Geschäfte zu behalten. Die Hipster-Restaurants wiederum konservierten und variierten die Zeichen und Ästhetik der aufgekauften puerto-ricanischen Bodegas. Diese Entwicklung machte mich auf eine merkwürdige Art betroffen, es war, als hätte jemand auf einem Grab einen Hotdog-Stand aufgemacht. Schlimmer war nur noch die Angewohnheit der Hipster, ihre Restaurants und Bars überhaupt nicht mehr zu kennzeichnen – kein Name, kein Schild, nichts –, was diesen Räumen meiner Meinung nach eine exkludierende und feindliche Aura verlieh. Der durchschnittliche Passant und

Außenstehende, so schien es, war dort nicht willkommen (und würde auch nicht bedient werden).

Diese Subkultur verachtete die Moral, liebte den Konsum und huldigte dem Lifestyle. Der einzige Grund, warum es den Hipstern trotzdem gelang, sich als oppositionelle Bewegung zu verkaufen, bestand darin, dass ihre Hobbys und Leidenschaften scheinbar gewalttätig waren und bestehende Grenzen verletzten. (Das hatte ich im *Vice*-Magazin gelesen, einem Heft, das man damals umsonst in Boutiquen und Plattenläden bekam.) Außerdem legten sie ein Verhalten an den Tag, das man damals idiotischerweise »politically incorrect« nannte. Die einzigen Mittel, um ihre vermeintliche Authentizität zu beweisen, waren die bewusst zur Schau gestellte weiße, heterosexuelle Männlichkeit, dämliche Pennälerstreiche und, ja genau, Pornografie. Was prätentiöses Sexspielzeug und Nacktbilder für die Libertinären der sechziger Jahre gewesen waren, war der prätentiöse Flirt mit Porno nun für die Hipster. Ach, und natürlich die Tätowierungen. Alle taten nun plötzlich so, als seien sie immer schon Punks, Sprayer oder Skater gewesen, um zu rechtfertigen, warum sie im Marketing oder im Sportartikeleinzelhandel arbeiteten oder irgendwas mit Medien machten. (Fiktive) Drogengeschichten hatten natürlich ebenfalls eine positive Wirkung auf das reale Image. Aber ist das wirklich etwas Besonderes? Jede Jugendkultur liebt Drogen, das gilt für Hipster ebenso wie für Hippies und die Star-Athleten auf der Highschool, die Videospiel-Nerds und die zotteligen Gestalten auf dem Mittelalter-Markt.

Das Leitmedium der frühen Hipster-Ära war also das *Vice*-Magazin. *Vice* bedeutet Laster, und das passt sehr gut, weil genau das eben die Tour der Hipster ist: Sie verwandeln alles – vom Konsumismus bis zur Ästhetik der Gruftis – in eine Form der Transgression. »Wir werden euch schon zeigen, wie man an Quellen des Vergnügens und der Lust herankommt, die irgendeine prüde Linksliberale, die eh nur in eurer Fantasie existiert, fürchterlich unmoralisch fände. Mit unserem Magazin bekommt ihr endlich eure eigene Zeitschrift für böse, verdorbene Jungs, in der ihr euch dann gegenseitig auf Modestrecken bewundern könnt.« Die bekannteste Rubrik in dem Heft war eine Liste mit Ratschlägen, wie man sich verhalten und was man auf keinen Fall machen sollte, eine Handlungsanleitung für das unangepasste Angepasst-Sein. Und wenn die Hipster dann 1000 Dollar für Klamotten, ein bemaltes Skateboard oder Johnny Walker Blue Label ausgaben, fühlte es sich schon beinahe an wie echtes Rebellentum.

Zu diesem Zeitpunkt rieten mir Freunde, mal einen Ausflug nach Williamsburg, Brooklyn, zu machen, in den Stadtteil, der damals als das Epizentrum der Hipster-Bewegung galt. In diesem Viertel, so hieß es, würden sich Bohemiens besonders wohl fühlen. 1999 und 2000 unternahm ich also zwei Expeditionen, ich ging zu Fuß über die Williamsburg Bridge, überquerte den East River, passierte die damals noch unveränderten Uferregionen und erreichte schließlich die Bedford Avenue. Ich fand diesen Straßenzug damals extrem irritierend, ein Dorf voller Zombies, die alle aussahen wie ich selbst. Der Spaziergang war vor allem deshalb so merkwürdig, weil die Gebäude viel kleiner und karger waren als in Manhattan. Es fühlte sich an, als hätten die Hipster ein kleines Dorf im Mittleren Westen übernommen.

Was mich damals aber am allermeisten fertigmachte, war die Tatsache, dass sich die Hipster in dieser Gegend nicht verhielten wie Anhänger einer typischen Subkultur, sondern eher wie eine ethnische Gemeinschaft. Es ist nicht einfach zu erklären. Die Verhaltensweise, die man wohl besser als Stammesbewusstsein bezeichnen sollte, sowie die Reaktionen der Alteingesessenen auf der Lower East Side, die sich auch dann nicht groß einmischten und Kontakte eher mieden, als Block um Block und dann Straße um Straße »kippte«, erzeugten den Eindruck, als sei gerade ein neuer Volksstamm in der Stadt eingetroffen. Auch die Geheimniskrämerei der Hipster trug dazu bei. Wenn sie ihre Läden und Lokale nicht mit spanischen oder jiddischen Schildern kenntlich machten, kommunizierten sie ihre Andersartigkeit mithilfe einer Art von unsichtbarer Tinte, die nur reiche weiße Menschen lesen konnten. Zwischen den Hipstern und ihrer Umwelt fand überhaupt kein sichtbarer Austausch statt. Sie unterschieden sich somit vollkommen von kleinen Künstlerkolonien, die ich an anderen Orten beobachtet hatte und die sofort versucht hatten, Kontakte zu ihrer ethnisch heterogenen Nachbarschaft zu knüpfen – sei es, um sich zu integrieren oder einfach nur mit den Leuten »abzuhängen«, sei es, um sie auszunutzen oder sich einzuschleimen. Wenn mich vor dem Haus meiner Großmutter jemand nach dem Weg nach Chinatown fragte, gewöhnte ich mir eine neue Topologie an: »Sie müssen erst durch die puerto-ricanische Gegend, dann durch das Hipster-Viertel und dann durch den jüdischen Teil der Lower East Side, und schon sind Sie da.«

Die Erkennungszeichen des Hipster-Stamms waren eindeutig und leicht zu dekodieren. Sie schrien förmlich »Weiße aus der Vorstadt«. In diesen frühen und prägenden Jahren stützte sich die Hipster-Ästhetik auf die ikonische Suburbia sowie die Amateurpornografie der siebziger Jahre (jene geheime Rebellion, die sich angeblich unter der Oberfläche der Vororte ereignete). Sie schlachteten also eine Dekade aus, und das ist ein wichtiger Punkt, die sowohl den Innenstädten als auch der Gegenkultur der sechziger Jahre den Rücken gekehrt hatte; außerdem waren die Siebziger die Zeit, in der diese Hipster ihre Kindheit verbracht hatten. Die Innenarchitekten der Bars in Williamsburg ließen sich vom Stil des weißen Herzlands inspirieren. Ein Pionier dieses Trends war das Etablissement Welcome to the Johnsons, das 1999 in der Rivington Street aufmachte und den Besuchern das Gefühl vermittelte, sie verbrächten ihre Zeit in einem Siebziger-Jahre-Wohnzimmer irgendwo im mittleren Westen. Trucker-Kappen, billige Kopfbedeckungen, wie sie als Werbegeschenke auf Automessen verteilt und im ganzen Land getragen werden, waren das wichtigste Hipster-Accessoire. Die Mützen, die auch Punks gelegentlich als Zeichen des sozialen Abstiegs oder aber einfach als Hinweis auf die Heimatstadt ihrer Band getragen hatten, wurden nun von Modemachern wiederentdeckt (eine landete gar auf dem Kopf von Paris Hilton). Auch die Gürtelschnallen der Hipster orientierten sich am raumgreifenden, breitbeinigen Stil des Südens. Die »Wife-beater« genannten ärmellosen Feinripp-Unterhemden, die auch von den Puerto-Ricanern und Domikinanern auf der anderen Straßenseite getragen wurden (wobei diese sie anders nannten), entwickelten sich zu einem angesagten Kleidungsstück. Und dann gab es da noch die mittlerweile ebenfalls berühmten »ironischen T-Shirts«, die mit Hinweisen auf und Logos von Straßenfesten, lokalen Softball-Turnieren oder Autohäusern aus dem Mittleren Westen bedruckt waren. Das offene Geheimnis dieser Kleidungsstücke bestand darin, dass sie aus ebenjenen Mittelklasse-Dörfern oder -Vierteln in Tennessee, Colorado oder Wisconsin stammten, die die Kids dank ihrer College-Ausbildung hinter sich gelassen hatten, um in den Bars der Lower East Side zu kellnern, während sie sich als Künstler oder an irgendeiner anderen Form von Arbeit versuchten.

Die Reichen kauften diese T-Shirts für dreißig Dollar auf der Straße, obwohl sie ohnehin bereits in den Kleiderschränken ihrer ehemaligen Kinderzimmer lagen. Die urbane weiße Mittelschicht reimportierte auf »ironische« und mehrdeutige Weise eine andere weiße Kultur in die Innenstädte, die ursprünglich einen Gegenentwurf zum urbanen Leben dargestellt hatte. Diese kulturelle Transplantation war vergleichbar mit dem Neunziger-Jahre-Hype um die Unterhemden der Firma Fruit of the Loom, die einen an den strengen weißen Großvater englischer, deutscher oder skandinavischer Abstammung erinnerten, der vor den Schwarzen und Ausländern in die Vorstadt geflohen war. Seine verbitterte Haltung wurde nun simuliert und kehrte auf diesem Weg in die Innenstädte zurück.

Aber was bedeutete diese frühe Hipster-Ästhetik nun eigentlich genau? Ich war zunächst einmal verblüfft, als ich die Schlussfolgerungen las, die John Leland in seinem voluminösen Buch *Hip* aus dem Jahr 2004 zog: »Man muss dieses Auftauchen des weißen Kitsches in einem breiteren und interessanteren Kontext betrachten«, heißt es dort (wobei »breiter« in diesem Fall bedeutet, dass es nicht allein um die kulturelle Kontinuität geht, welche die aktuellen möglicherweise mit den Hipstern aus den vierziger und fünfziger Jahren verbindet), weil die neuen Hipster schließlich mitten in der »vielfältigsten, multikulturellsten, am stärksten von der Mittelklasse geprägten und ethnisch markierten Generation« der amerikanischen Geschichte die Bühne betreten hätten, in einer Zeit, in der »einer von fünf Amerikanern ein Einwanderer ist oder einen Elternteil hat, der im Ausland geboren wurde«.

»In diesem Sinne spielen die Trucker-Kappen und die anderen Accessoires der Hipster also mit der Frage, was es in einer multikulturellen Welt bedeutet, weiß zu sein. Sie machen das Weiße sichtbar. Ohne die Schwarz/weiß-Dichotomie als semantischen Anker und angesichts des Verlusts der numerischen Überzahl, die ihm Gewicht verlieh, wird das Konzept der ›Weißheit‹ plötzlich leer und deutungsoffen. Vor allem in Städten, in denen die Minderheiten in der Mehrheit sind bzw. in denen die nichthispanischen Weißen weniger als fünfzig Prozent der Bevölkerung ausmachen, ist die (Haut-)Farbe Weiß nicht länger der selbstverständliche Standard. Man muss sie vielmehr erforschen, sie umstülpen, über ihre Relevanz für die Gegenwart debattieren. [...] Der kaukasische Kitsch – die Rockmusik der Rednecks, die Feinripp-Unterhemden, die T-Shirts von Kleinstadt-Baseball-Teams, Würstchen in Maisteighülle, die Faszination für Dragster-Rennen oder das *Vice*-Magazin – verwandelt das Weiß-Sein in ein Kleidungsstück, das man an- und wieder ausziehen kann, je nachdem, wie man sich eben gerade fühlt. Die posthippe Gesellschaft behandelt das Weiß-Sein so, wie Mode- und Unterhaltungsindustrie traditionellerweise das Schwarz-Sein behandelt und verarbeitet haben. Man hüllt die weiße Identität nicht länger in eine Aura des rassistischen Stolzes, sondern setzt sie in Anführungszeichen. Das Weiß-Sein definiert dich nicht, du definierst, was es bedeutet, weiß zu sein – und man muss nicht weiß sein, um diese Farbe zu tragen.«

Ich denke, so kann nur ein Mensch das Amerika der Gegenwart beschreiben, der nie aus dem Haus geht. »Man muss nicht weiß sein, um diese Farbe zu tragen«? Das mag in der Theorie richtig sein. Tatsächlich waren allerdings fast alle Leute, die mir je mit diesen Accessoires begegnet sind, kaukasischer Abstammung.

Okay, es mag auch ein paar asiatische Hipster geben, aber die kommen in der Mehrheit tatsächlich aus Asien, superreiche Jugendliche aus Japan und Korea, die sich teure Hipster-Marken leisten können. Die einzigen Afroamerikaner, die ich je in kaukasischem Kitsch gesehen habe, waren Fernseh-Promis oder Models in Modezeitschriften.

Ein demografischer Trend, der mich stärker beschäftigt, ist die Rückkehr der wohlhabenden Weißen in die großen Städte während der neunziger und nuller Jahre sowie die damit einhergehende Suburbanisierung der Armut. Mit der Nachkriegsära assoziieren wir Begriffe wie »Suburbanisierung«, »Stadterneuerung«, die Flucht der Weißen aus den Innenstädten (*white flight*) und die damit verbundenen sinkenden Steuereinnahmen urbaner Kommunen. Eine häufig angeführte Erklärung für die Plünderungen, die sich 1977 in New York ereigneten, führt diese auf die Tatsache zurück, dass die Stadt 1975 praktisch pleite war, weshalb die Sozialleistungen und die wirtschaftlichen Chancen in den Gegenden, in denen es zu Ausschreitungen kam, viel zu dünn gesät waren. Heute stehen wir vor dem entgegengesetzten Phänomen: Nach Jahrzehnten, in denen sozialer Aufstieg für die Mittelschicht (und das schließt auch Schwarze und Angehörige anderer Minderheiten ein) gleichbedeutend war mit dem Umzug in die Vororte, strömte das Kapital nun plötzlich wieder in die Innenstädte; vor allem die Menschen, die im Zuge der neoliberalen Umverteilung von unten nach oben und der Spekulationsblasen in den neunziger und nuller Jahren reich geworden waren, entdeckten nun die Zentren für sich. Die kleinen Leute wurden zuerst in die Außenbezirke, die Sozialbauten und Wohnwagensiedlungen abgedrängt und litten später besonders hart unter dem Platzen der Immobilienblase, aus der die Finanzbranche enorme Profite geschlagen hatte (wobei die Banker und Broker selbst nicht bestraft wurden, schließlich sprang die Regierung in Washington für sie in die Bresche). Wenn man die Wiedergeburt der Innenstädte und die entsprechenden Fernsehbilder verfolgt, ist man doch von der Tatsache überrascht, dass die Armut seit dem Jahr 2000 in den USA laut der offiziellen Statistik kontinuierlich zugenommen hat. Heute wohnen in den

Suburbs, die die Innenstädte eigentlich versorgen sollten, längst mehr arme Menschen als in den Zentren.[10]

Gerade in globalen Metropolen wie New York, Paris, Mumbai, London und Peking wurden Viertel, die historisch gesehen keinen besonderen Reiz für die reichen Schichten aufgewiesen hatten, weil sie in der Peripherie des Zentrums (Lower East Side) oder im Grenzbereich zwischen Vorstadt und Innenstadt (Williamsburg, Dumbo) lagen und vor allem von Arbeitern, Dienstboten, kleinen Angestellten und Immigranten bewohnt wurden, zu attraktiven Standorten, die Freizeitmöglichkeiten, Unterhaltung und in einem geringeren Ausmaß auch Wohnraum für die Reichen boten (überall wurden Luxus-Lofts geschaffen und kleinteilige Mietwohnungen in großzügige Apartments umgewandelt). Die intellektuelle Elite, die der Arbeiterklasse Sympathie und Nostalgie entgegenbrachte, verfiel dem Charme der industriellen und proletarischen Architektur. Und wo die Reichen die ärmeren Schichten nicht direkt verdrängten, drängten sie »die unterprivilegierten Ränder des intellektuellen Kleinbürgertums«, wie der Soziologe Jean-Pierre Garnier den universitären Mittelbau, Lehrer, Professoren, Sozialarbeiter und Medienarbeiter nennt, die sehr klug und gebildet waren und die den Mangel an ökonomischem Kapital durch eine psychologische Operation in den Reichtum der Hipness umwandelten, in die ärmeren Viertel ab. Diese Zwischenschicht der gebildeten Mittelklasse vertrieb dann wiederum die Arbeiter und restaurierte mit viel Liebe zum Detail die Fassaden ihrer Mietskasernen.

Die frühen weißen Hipster waren vor allem deshalb unheimlich, weil sie auf einer symbolischen Ebene, mit ihren Klamotten, ihrem Stil, Musikgeschmack und Habitus, zu kommunizieren schienen, dass das Weiße zurück in die Stadt floss. Auf unbewusste Art und Weise repräsentierte ihr Kleidungsstil so ihre strukturelle Rolle; diese Dinge wurden nämlich aus Gründen,

10 Im Jahr 2010 wurde ausführlich über diese Entwicklung berichtet, der eigentliche Wendepunkt scheint sich allerdings schon ein wenig früher in diesem Jahrzehnt ereignet zu haben (vgl. Elizabeth Kneebone/Emily Garr, *The Suburbanization of Poverty. Trends in Metropolitan America, 2000 to 2008*, Washington, D.C.: Brookings Institute 2010).

die den handelnden Personen rätselhaft blieben, plötzlich cool. Indem sie die Eigenschaften und das Lebensgefühl der angelsächsischen Bevölkerung feierten und gleichzeitig ethnisch homogene Nachbarschaften eroberten, setzten sie dem bürgerlichen Konzept der Integration das der subkulturellen Separation oder Deintegration entgegen – und das galt auch im Fall des nördlichen Williamsburg, wo die Hipster vor allem Polen vertrieben.

In meinem Vortrag auf unserer kleinen Konferenz habe ich auf Anatole Broyards Artikel über schwarze Hipster aus dem Jahr 1948 hingewiesen, den ich für die gelungenste Anamnese des Nachkriegshipsters halte. Dieser Text wird zwar zuweilen von Historikern zitiert, ist ansonsten aber nicht sonderlich bekannt. Broyard erkannte im Stil, im Bewusstsein und auch im Snobismus des Hipsters so etwas wie die Kreation einer fiktiven, unabhängigen Machtposition, von der aus die weiße Dominanz herausgefordert werden sollte. Der schwarze Hipster erhob Anspruch auf eine überlegene, spezielle Wahrheit, die niemand sonst besitzen konnte, auch wenn er Zugang zu denselben Daten oder demselben Wissen hatte. Die Hipster hatten dieses Wissen a priori und nahmen deshalb eine ähnliche Position ein wie zuvor die Weißen, die sich ja auch immer auf einen Bildungsvorsprung berufen hatten. Diese Haltung wurde vor allem vom Bebop der vierziger Jahre verkörpert, einer wahren Kunstform und wahrhaftigen Kompetenz, die zu schnell, zu komplex und zu anders war, um in die Gefahr zu geraten, vom weißen Mainstream aufgesogen zu werden (die weiße Kultur hatte zuvor bereits den Jazz, die Big Bands und den Swing übernommen, obwohl die prägenden Musiker in der Jim-Crow-Ära in vielen Bars und Kneipen, in denen die Musik gespielt wurde, nicht auftreten durften). Selbst die frühen, längst in Vergessenheit geratenen stilistischen Erkennungszeichen der schwarzen Hipster schienen die Macht zu haben, das überlegene Wissen der Weißen in die schwarze Dimension zu holen, um so die dunklen Seiten der weißen Welt sichtbar zu machen. Broyard schreibt: »[Der Hipster] färbte sich eine Haarsträhne mit Puder weiß. Das war das äußere Zeichen einer bedeutenden, ja prophetischen Verwandlung. Außerdem trug er immer eine Sonnenbrille, da das normale Licht seine Augen angriff.« Doch Broyard, ein Vertreter der Hochkultur, der in der Tradition Ralph Ellisons die Ent- und Aneignung des schwarzen Wissens forderte, wußte sehr wohl, daß die Accessoires und stilistischen Marker auch eine Gefahr in sich trugen: Wenn die Außenwelt den schwarzen Hipster nicht verstand, so sah es Broyard, lag es nahe, ihn wie ein wildes Tier einzufangen und auszustellen. Mit bemerkenswerter Nüchternheit schrieb Broyard: »Er [der schwarze Hipster] wurde gekauft und in den Zoo gesteckt.« Die einzig echte Option für die afroamerikanische Gemeinde war es, dem Vorbild von Prometheus zu folgen und sich die weiße Kultur, welche die Schwarzen ohnehin mit erschaffen hatten, anzueignen.

Schon 1957 formulierte dann Norman Mailer in »The White Negro« seine peinliche Behauptung, der weiße Hipster könne sich mithilfe des Sexappeals, der Spontaneität und Naturhaftigkeit der Schwarzen von der weißen Spießigkeit befreien. Über diesen merkwürdigen Essay wurden schon viel zu viele Worte verloren, weshalb ich mich an dieser Stelle nicht lange damit aufhalten möchte. Ein Aspekt, der meiner Ansicht nach in diesem Kontext noch nicht aufgegriffen wurde, ist ein langer Leserbrief, der 1948 drei Monate nach Anatole Broyards Artikel in der *Partisan Review* erschien und der den Text aus der Perspektive eines weißen Hipsters heftig kritisierte. Anatole Broyard, so sah es der Autor des Briefes, sei ein Spielverderber, da er so ernst und intellektualisierend über ein Phänomen geschrieben habe, das doch eigentlich vor allem dem Vergnügen diene. Die Hipster-Szene sei sowieso längst ein Biotop der Weißen, die die Jazz-Clubs besuchten und sich am Ritual des Eingeweihtseins erfreuten. Wir haben es also mit Vereinnahmung in Reinkultur zu tun: Jeder Trend wird sofort als »weißer« Trend definiert, man behauptet, dass ohnehin alles eine Frage des Stils sei und Stil damit bedeutungslos. »Man trifft dort viele hippe Kerle, darunter einmal mehr ziemlich viele jüdische Jungs«, schreibt der Leserbriefautor. »Die weiße Strähne [im dunklen Kraushaar der Schwarzen] ist nichts als eine theatralische Geste, viele blonde

Hipster machen es genauso, nur dass sie sich eben das Haar an der Seite blau färben.«[11]

Immer wenn ein Phänomen wie der Hipster auf seine Bedeutung überprüft wird, gibt es jemanden, der jedwede Bedeutung leugnet – das gilt für den weißen Leserbriefautor der *Partisan Review*, und ich vermute auch für den ein oder anderen kritischen Leser dieses Essays. Dieses Vorgehen ist ein Indiz dafür, dass die Sprecher selbst ein Interesse daran haben, diesen Handlungen jede Bedeutung abzusprechen, weil die Negation der Bedeutung es ihnen erlaubt, ohne prüfenden Blick und Selbstreflexion einfach weiterzumachen wie bisher. Wenn ich in Hipster-Accessoires wie Trucker-Kappen, Pabst-Blue-Ribbon-Bier oder Gürtelschnallen allzu viel Signifikanz hineinlese, rechne ich bereits mit solchen kritischen Reaktionen: dass ich die Dinge überinterpretiere, anstatt sie einfach zu dokumentieren. Das ist auch der Grund, warum es mir lohnenswert zu sein scheint, die möglicherweise geschmacklose, aber relevante Frage nach Gemeinsamkeiten zwischen der Hipster-Bewegung der Jahre 1999 bis 2003 und der rechtskonservativen Szene aufzuwerfen.

Im Jahr 2003 berichtete die *New York Times* endlich über die problematischen Ansichten zur Rassenfrage, die über Jahre hinweg im *Vice*-Magazin, vor allem in den Texten des besonders redseligen Redakteurs Gavin McInnes, auftauchten. Das Magazin hatte schon immer böse Witze über Feministinnen und Schwule gemacht und unschöne Begriffe für sie gebraucht. Nun befasste sich also Vanessa Grigoriadis für die *New York Times* ausführlicher mit der wahren Mentalität der Redaktion. Sie kam zu dem Schluss, dass das politisch inkorrekte Gerede ernst gemeint war. Sie zitierte McInnes mit den Worten: »Ich bin glücklich darüber, weiß zu sein. Ich denke, das ist etwas, worauf man wirklich stolz sein kann. […] Ich will nicht, dass unsere Kultur

11 Ich habe mich gefragt, ob das womöglich ein Scherz sein sollte, ganz ähnlich wie der seltsame »Miles Templar«, mit dem der Brief unterschrieben war. Aber es wäre schon ein sehr, sehr sarkastischer und ungewöhnlicher Witz über die weißen Hipster, für den es keine weiteren Hinweise außerhalb des Textes gibt.

verwässert wird. Wir müssen die Grenzen dichtmachen und dafür sorgen, dass sich alle an den westlichen Lebensstil der Englisch sprechenden Weißen assimilieren.«

Grigoriadis wies ihre Leser auf einen Essay hin, den McInnes kurz zuvor in Pat Buchanans Magazin *The American Conservative* veröffentlicht hatte. Er erläuterte darin, inwiefern *Vice* dabei mithelfen könne, junge Menschen in ihrer Abkehr von den liberalen Irrlehren der sechziger Jahre zu bestärken. Auf den ersten Blick könnte man das natürlich für einen Bubenstreich halten, wenn nicht kurz zuvor im *Vice*-Magazin selbst ein noch viel seltsamerer Artikel erschienen wäre, der den Titel »Die neuen Konservativen« trug und von einer der für dieses Magazin typischen Modestrecken begleitet wurde. Unabhängig vom Wahrheitsgehalt der Aussagen und Posen der Zeitschrift, konnte man die essenzielle Verwirrtheit und die Fehler der handelnden Personen doch in einem Interview spüren, das McInnes und sein Kollege Suroosh Alvi ein Jahr zuvor der *New York Press* gegeben hatten und das sich so anhört, als meinten sie es ernst:

»FRAGE: Die Haltung von *Vice* gegenüber Homosexualität und der Rassenfrage hat wenig mit den Einstellungen des traditionellen Punkrock zu tun.

MCINNES: Wir sind aber punkig, weil wir einfach total ehrlich sind. Wir kommen so rüber, als seien wir Rassisten und Homophobe, weil wir so viel mit Schwuchteln und Niggern rumhängen. Es ist einfach Teil unserer Umgangssprache.

ALVI: Man muss auch sehen, dass im Amerika des Jahres 1994, als zum ersten Mal Magazine wie *Vice* rauskamen, die politische Korrektheit einfach überwältigend war. Vor allem im akademischen Milieu, dem wir gerade entronnen waren. Wir haben auf diese Haltung reagiert.

MCINNES: Ich denke, wirklich wütend wurden wir erst, nachdem wir bemerkt hatten, dass Dinge, die wir in unseren Artikeln schrieben und als ganz natürlich empfanden, die Menschen beleidigten. Wir beschlossen damals, uns auf keinen Fall selbst zu zensieren. Die Texte in *Vice*? So reden wir nun einmal. Es ist immer wieder überraschend, wie es die

Hippies geschafft haben, unsere Generation einer Gehirnwäsche zu unterziehen. Für die Liebe, für die Toleranz, für die Vielfalt – das ist das Programm der Hippies. Aber wenn man wirklich mit Schwarzen rumhängt, dann wird man oft das Wort Nigger hören. Das sind toughe Typen. Und wenn man Zeit mit Juden verbringt, dann bekommt man antisemitische Sprüche ab. Du solltest mal Suroosh hören, wenn er über beknackte Pakistanis spricht. Das verbrennt dir die Ohren. Ich glaube, dass echte Rassisten, die sich zum Beispiel im Ku-Klux-Klan treffen, nichts über Neger und Schwuchteln zu sagen haben, weil sie gar keine kennen. Die sagen ja nicht: ›Ich habe genug von den Tunten, die sind so selbstbezogen, Mode hier, Mode da. Kannst du nicht mal für eine Sekunde über Politik reden, du verdammter Transsexueller?‹ Die Jungs vom Klan haben keine Ahnung. Aber wir, wir sind mitten drin.«

Der Irrtum ist offensichtlich: Nur weil man in einer Branche wie dem Magazin- und Modegeschäft arbeitet, das Homosexuellen und Juden traditionell mit Toleranz begegnet, heißt das noch lange nicht, dass man sie als Schwanzlutscher und geldgierige jüdische Bastarde betrachten und bezeichnen darf. Erst an einer späteren Stelle des Interviews in der *New York Press* folgt dann die Zeile, für die McInnes anschließend viel Kritik einstecken musste. Auf die Frage, wie es die *Vice*-Redaktion überhaupt in Williamsburg aushalten könne, wo es da doch so viele arbeitslose Akademiker und Kultur-Poser gebe, antwortete er: »Nun ja, wenigstens sind es keine verdammten Nigger oder Puerto-Ricaner. Immerhin sind diese Typen weiß.« Ich halte es durchaus für plausibel, dass manche dieser Aussagen als Witze oder PR-Gags gemeint waren. So stellte es McInnes selbst auch gegenüber der Klatsch-Website Gawker.com dar. Ihm sei es in erster Linie darum gegangen, die *New York Times* zu schockieren, wobei er darauf zählen konnte, dass die Leute von Gawker.com dieses Blatt genauso hassten wie er.

Die Sache mit Witzen ist jedoch, dass sie einem zeigen, wie Menschen charakteristischerweise denken, womit sie spielen, wenn sie die Grenzen des sozial Vertrauten erreichen. Norman

Mailer zum Beispiel, dieser selbsternannte Ideologe und linke Aktivist verschiedener Spielarten (mal als Radikaler, mal als »Linkskonservativer«, der sich gegen die kalte, sterile Technokratie wandte, immer jedoch als Verfechter einer sinnlichen, körperlichen Demokratie in der Tradition Walt Whitmans), spielte, wenn er einen Skandal auslösen wollte, mit dem Motiv der Durchmischung der Rassen. Mailer ging es wenigstens darum, nicht sich selbst zu verherrlichen, sondern etwas anderes. Er wollte das Weiß-Sein, das ihn langweilte, hinter sich lassen bzw. mit etwas anderem kombinieren.[12] Vielleicht war es eine Torheit von Mailer, »The White Negro« zu veröffentlichen, und er deutete zehn Jahre später in *Heere aus der Nacht* an, seine schwarzen Freunde hätten ihn nach dem Erscheinen des Essays tatsächlich als Idioten bezeichnet. Aber immerhin war er ein Idiot, der – wenn auch auf ungeschickte Art und Weise – die Grenzen von Rasse und Klasse zu durchbrechen suchte. Im Gegensatz dazu tendierte die Imagination des »weißen Hipsters« unaufhaltsam dazu, reichen Weißen eine Legitimation dafür zu liefern, dass es okay war, nichts anderes als eben weiß zu sein. Die Hipster rationalisierten somit die Kolonisierung ehemaliger Minderheiten-Viertel sowie ihre darauf folgende Abkapselung, indem sie unbewusst selbst eine Art Ethnie bildeten (die wiederum nichts mit jenen national und sprachlich definierten europäischen Ethnien zu tun hatte, die hinter Feiertagen wie dem Swedish Day, dem St. Patrick's Day der Iren oder dem San-Gennaro-Fest stehen). Die Hipster wandten diesen Zaubertrick an, um keine Kompromisse eingehen zu müssen, wobei

12 Mailer war Jude – und das in einer Zeit, in der die Juden noch nicht zu 100 Prozent als Weiße betrachtet wurden. Dennoch gelang ihm der soziale Aufstieg: vom Brooklyner Getto über Harvard bis zum gehobenen Lebensstil eines alten Recken des Literaturbetriebs – eine Karriere, die damals noch ungewöhnlich war und Juden noch nicht allzu lange offenstand. In einem späteren Stadium setzte er sich dann für das Obszöne und das »Vitale« ein. Mailer ist insofern ein interessanter Fall, an dem man die widersprüchlichen sozialen und ethnischen Positionen veranschaulichen kann, die seit der Mitte des 20. Jahrhunderts bis in unsere Gegenwart existiert haben. Einen großen Teil dieser Entwicklung beobachtete er übrigens von der – damals noch weitgehend jüdischen – Lower East Side aus. 1952 lebte er nämlich in der Pitt Street.

Kompromiss hier eigentlich nur bedeutet hätte, Kontakt zu den Menschen in den Vierteln zu suchen, in denen sie sich ansiedelten, also zu Puerto-Ricanern, Schwarzen, Juden, Polen oder anderen Leuten mit wenig Geld, und sich diesen Menschen in irgendeiner Form verpflichtet zu fühlen.

Ich weiß natürlich, dass diese frühe Hipster-Kultur mit ihrer aggressiven Verehrung für alles Weiße mittlerweile nicht mehr existiert. Das Ende dieser Bewegung zeichnete sich bereits 2003 ab, die Plünderung des Turnschuhladens auf der Lower East Side markiert diesen Einschnitt symbolisch. Diese Entwicklung verdankte sich allerdings weniger einer Abwehrreaktion der Nachbarn, vielmehr schien der Lower East Side die kreative Energie auszugehen – ähnlich wie ein Reifen, aus dem allmählich die Luft entweicht. Die Hipster aber blieben hartnäckig und formierten sich neu, mit anderen Symbolen und Gebräuchen besiedelten sie nun ähnliche Gegenden, und bald drangen sie mithilfe des Fernsehens und des Internets in weitere Kreise vor.

Mein Problem ist nun, dass ich nicht wirklich weiß, wie die Hipster zwischen 2004 und 2009 aussahen und wie sie sich verhielten. Das hat damit zu tun, dass ich einfach älter wurde. Oder besser gesagt: Ich wurde alt, dreißig, um genauer zu sein. Der dreißigste Geburtstag ist wie ein Grenzstein, ein elektrisch geladener Zaun, der sich durch die eigene Biografie zieht und einen daran hindert, noch einmal Teil einer Subkultur zu sein. Menschen über dreißig könne man nicht trauen, hieß es in den sechziger Jahren. Ich lief also durch die gleichen Straßen der Lower East Side, ich konnte die Hipster immer noch als solche identifizieren, aber ich sah sie irgendwie nicht mehr so scharf und verstand ihre neuen Moden nicht mehr.

Der Grund dafür liegt auf der Hand, auch wenn er nicht unbedingt schmeichelhaft für mich ist. Genau wie andere Leute meines Alters ging auch für mich nach und nach der kompensatorische Nutzen verloren, den das Investment in das Hipstertum mit sich bringt. Doch wenn man keinen Vorteil mehr aus der Kenntnis der Codes zieht, ist es nur natürlich, dass man sie nicht mehr erkennt oder dass man nicht länger Zeit und Mühe investiert, um sie zu verstehen.

Ich meine, ab welchem Alter werden Subkulturen für Menschen interessant, und wann lassen sie diese dann wieder hinter sich? Im Kern geht es bei Subkulturen immer um Distinktion. Sie verleiht der ohnehin unvermeidbaren Erfahrung, anders zu sein, einen positiven Anstrich. Üblicherweise schließt man sich einer Subkultur in einer Situation an, in der man aus ideologischen, philosophischen oder ökonomischen Gründen vom Mainstream getrennt ist oder einen anderen Nachteil im sozialen Wettbewerb ausgleichen muss. Man versteht sofort, warum diese Distinktionsmechanismen in der Highschool-Zeit in Gang kommen, also im Alter zwischen 14 und 18 Jahren, und warum sie in dieser Phase so wertvoll sind. Die eigenen Defizite verwandeln sich plötzlich in Vorzüge, und sei es, weil sie die Solidarität in der Gruppe stärken. Der Loser, der es nicht in die Football-Mannschaft geschafft hat, wird Skater; der linkische Nerd frickelt an Computern herum oder wird Hacker; der tendenziell links eingestellte Klassensprecher wird Punk. In allen Furcht einflößenden totalen Institutionen, die von willkürlichen Autoritäten regiert werden, schließen sich die Insassen zusammen, um sich gegenseitig zu verteidigen und um respektiert zu werden. Bald rivalisieren sie dann mit anderen Gruppen um den obersten Platz in der sozialen Hierarchie. Diese Mechanismen wirken dann (mehr oder weniger stark) auf dem College weiter, wobei das auch vom Charakter der jeweiligen Institution abhängt.[13]

Sobald die aufstiegsorientierten Akademiker dann aber im Alter von etwa 22 Jahren in die großen Metropolen ziehen, übernimmt die Subkultur oft eine neue Funktion. Viele erleben den Umzug in die Großstadt als Deklassierung im Vergleich

13 Schüler an kleineren Highschools oder Colleges gehören mit ziemlich großer Wahrscheinlichkeit ohnehin zu einer gemeinsamen sozialen Klasse (was ihren Hintergrund und ihre Ziele anbelangt), weshalb die Subkulturen dort meist weit weniger stark ausdifferenziert sind. Die Schülerschaft an größeren Institutionen ist sozial in der Regel weit weniger homogen, weshalb es dort stabilere Subkulturen gibt, zumindest wenn die Aufgabe, Untergruppen auszubilden, nicht von organisierten Mainstream-Strukturen wie dem angloamerikanischen System der Studentenverbindungen (*fraternities* und *sororities*) übernommen wird.

zur Situation auf dem College oder sogar auf der Highschool. Der junge Absolvent hatte an der heimatlichen Institution einen hohen Status inne, und plötzlich sitzt er in einer Stadt, in der er zunächst keinen Ort findet, weil diese sich überhaupt nicht für irgendwelche College-Hierarchien interessiert. Sie oder er verfügt zwar nach wie vor über große Vorräte an – wie Pierre Bourdieu es nennen würde – kulturellem Kapital, das nur darauf wartet, aktiviert zu werden (einen akademischen Titel, Erfahrung im Interpretieren kleiner Unterschiede und Geschichten, die es ihm oder ihr erlaubt, kompetent durch kulturelle Codes zu navigieren), sie haben aber vorübergehend ihr reales Kapital und die Dominanz verloren, welche die Zugehörigkeit zu einer bestimmten Klasse bislang garantierte. Bestimmte Subkulturen ermöglichen es in dieser Situation, kulturelles Kapital zunächst unter seines- oder ihresgleichen und dann im größeren Kontext der »ärmeren« Stadt zu remobilisieren, sich abzuheben und dem sozialen Abstieg entgegenzuwirken.

So ist auch der Mythos entstanden, alle Hipster seien reich: Diese Legende enthält natürlich insofern ein Körnchen Wahrheit, als junge Leute, die sich diesem Status-Wettbewerb aussetzen und ihn sich leisten können, meist zumindest sehr viel in ihre Ausbildung investiert haben (weshalb sie ja auch über Abschlüsse verfügen); dazu kommt der von den Eltern ererbte Status (also das halbwegs stabile soziale Auffangnetz der Mittelklasse), selbst wenn sie vorübergehend nur über niedrige Einkommen verfügen mögen. Früher oder später werden sie die ärmeren Viertel mit den niedrigen Mieten wieder verlassen, in denen sie sich übergangsweise eingerichtet haben. Den ehrgeizigen Leuten wiederum, die aus der unteren Mittelschicht stammen und in der großen Stadt ihr Glück versuchen, bietet der Hipster-Modus die Gelegenheit, sich kulturell positiv abzuheben und aufzusteigen. Man mischt sich unter die anderen und hat bald das Gefühl einer zukünftigen Überlegenheit. Nicht nur gegenüber den Angehörigen des eigenen Milieus übrigens: Sie arbeiten vielleicht nur in einer Bar, aber wenn sie dabei hippe Klamotten anhaben und auch noch in einer Band spielen, haben sie kulturell (vielleicht sogar ökonomisch) einen höheren Status als die Loser von den Investmentbanken, die sich in Button-down-Hemden einen Wodka Tonic bestellen.

Warum ist der dreißigste Geburtstag also ein solch einschneidendes Ereignis? Viele der jungen, urbanen Akademiker, die mit 22 oder 23 bei irgendeiner NGO oder Stiftung ein Praktikum absolvieren (wenn sie nicht immer noch davon träumen, Kunst zu machen oder einen Roman zu schreiben), werden durch den Statusverlust dazu angetrieben, sich der überlegenen wirtschaftlichen Rationalität zu verschreiben und ihre dominante Klassenposition durch konventionelle Büroarbeit zurückzuerobern. Und so ist jede Mikrogeneration immer wieder über die Zahl ihrer Mitglieder überrascht, die sich zwar über reiche Menschen in Anzügen lustig gemacht, gleichzeitig jedoch undercover auf eine Anwaltslaufbahn vorbereitet haben. Und wenn sie dann ihren Doktor machen oder in eine Kanzlei eintreten – oder um es allgemeiner zu formulieren, wenn die Postgraduierten sich nach ein paar Jahren im Einkommenssektor der Mittel- und Oberschicht etabliert haben –, stehen ihnen die Mittel zur Verfügung, um in der Konkurrenz bestehen und die Möglichkeiten der Metropole mittels traditioneller Faktoren wie Kontostand oder Klassenposition genießen zu können. Sie verschreiben sich nun den teureren Statussymbolen der Mainstream-Oberschicht (europäischen Autos, Vier-Sterne-Restaurants, auf Pump gekauften Eigenheimen). Diese Menschen fallen aus der Subkultur heraus – nach oben, in den Mainstream.

Wenn ich meinen von dieser Alterssache leicht getrübten Blick auf die Hipster der Jahre 2004 bis 2009 richte, fallen mir doch einige Dinge auf: zum Beispiel die Rückkehr der Musik und eines bestimmten Bedeutungsmusters innerhalb der Hipster-Musik. Ich habe oben bereits darauf hingewiesen, dass die Hipster auf beinahe schmerzhafte Weise unmusikalisch waren. Die Bands, die sie schließlich hervorbrachten, ahmten dann frühere weiße Rockbands nach. Das gilt zum Beispiel für die White Stripes und die Strokes.[14] Nach 2004 standen die Hipster plötz-

14 Man neigt natürlich an dieser Stelle dazu, das »white« zu betonen: The *White* Stripes! Jack *White*! Die Ästhetik dieses classicrockkompatiblen Blues

lich auf Bands, die eine ganz andere Stimmung verbreiteten. Man achte auf die Namen: Grizzly Bear, Panda Bear, Deerhunter, Fleet Foxes, Department of Eagles, Wolf Parade, Band of Horses und, hinter, unter und über all diesen Gruppen, natürlich Animal Collective. Wenn ich mir die Videos dieser Bands anschaue, spüre ich diese Atmosphäre einer Wellness-Orgie, versetzt mit psychedelischen Spurenelementen; ich höre Tierlaute und hübsche Beach-Boys-Harmonien und habe dabei ortlose, idyllische Enklaven vor Augen, wilde Strände, Wälder, eine liebliche, weitläufige, beherrschbare Natur. Passenderweise scheinen viele dieser Musiker die Angewohnheit zu haben, sich Tiermasken aufzusetzen und plüschige Kostüme anzuziehen.

Man könnte das als vergänglichen Augenblick der Popgeschichte abheften, aber dann kam 2004 auch das Karohemd zurück, sowohl in der Männer- als auch in der Frauenmode; Mädchen zogen sich zuerst Cowboystiefel und dann dunkle Gummistiefel an, als seien sie Gutsbesitzerinnen auf dem Weg zu den Stallungen (oder zum Jagdaufseher). Schals vermehrten sich ohne sichtbaren Grund, sie beschworen entweder eine kühle Nacht in den Wäldern (Wolle) oder im Wüstencamp (Palästinensertuch) herauf. Dann wurden die Schals plötzlich als Kopftuch getragen – zum Beispiel von Mary-Kate Olsen, die damit aussah wie eine unterernährte Pocahontas, ausgehungert genug, um den Arm eines Passanten abzukauen. Sogar Jagdjacken mit

wurde zur selben Zeit in Indie-Kreisen von der Gruppe The Black Keys gepflegt, und beide Bands bereiteten Vergnügen, weil solche Anleihen über die Rassengrenzen hinweg immer irgendwie nett klingen, wenn das Original ohnehin für immer verloren ist (davon profitierte auch Amy Winehouse). Die moralische Frage ist jedoch einmal mehr, ob bei diesem ethnischen Crossover nun Kooperation oder Annexion herauskommt. Ersteres ist mir deutlich lieber. (Deshalb gab mir Amy Winehouse mit ihren schwarzen englischen oder amerikanischen Mitstreitern immer ein besseres Gefühl als Jack White). Wenn wir an dieser Stelle das Differenzprinzip bemühen wollen, das John Rawls in seiner Gerechtigkeitstheorie formuliert hat, müssen wir uns fragen, ob von diesen Crossover-Kopien zunächst und vor allem die schwarzen Musiker und die schwarze Musik profitieren, weil sie nun erneut Zugang zur dominanten Kultur haben. Aber solche Fragen sind für gewöhnlich sehr schwer zu beantworten, und viele Leute halten sie geradezu für empörend.

roten und schwarzen Karos kamen noch einmal zu unverhofften Ehren.

Von außen betrachtet, hat es den Eindruck, als habe sich der Hipster ab 2004 in Mode und Musik einer Form des animalischen Primitivismus zugewandt. Vielleicht wollte man damit auch, was andere Indizien nahelegen, schlichtweg Distanz zur oder Verzicht auf Technologie zum Ausdruck bringen. Die Anhänger der neuesten Subkulturen wissen, dass das Internet einerseits ein bequemes Werkzeug, andererseits aber ein unsägliches Ärgernis darstellt. Aus Protest gegen die Veteranen früherer Hipster-Generationen, die sich mit zunehmendem Alter als messianische Technik- und Web-Propheten bzw. als Publizisten neu erfanden (»Das Netz wird einfach alles vollständig umkrempeln!«), scheinen die Kids, die geboren wurden, als die achtziger Jahre heraufzogen, das Geburtsrecht der Globalisierung mit einer kritischen Distanz zu betrachten. Die Tatsache, dass das Internet immer schon da war und das Leben total durchdringt, führt an anderen Stellen zu einer kompensatorischen Reduktion. Besonders avancierte Hipster der neuesten Generation verzichten inzwischen sogar auf Gangschaltungen an ihren Fahrrädern! Die CD-Absatzzahlen gingen immer weiter zurück, gleichzeitig legten die Plattenverkäufe zum ersten Mal seit zwanzig Jahren zu – sie wurden offensichtlich von genau den Kids gekauft, die zuvor 3000 Songs auf ihre Festplatten heruntergeladen hatten. Eingangräder oder kurz Fixies sind im urbanen Kontext zum sichtbarsten Hipster-Erkennungszeichen neben den engen Jeans geworden, wobei einer ihrer wichtigsten Vorzüge in ihrem einfachen Mechanismus zu bestehen scheint, den praktisch jeder selbst reparieren kann.

Es bleibt abzuwarten, ob all die Tierkostüme und Eingangräder nun wirklich Symptome eines Mentalitätswandels sind, ob sie einen Ausweg aus dem endlosen Konsum, der Verschwendung, dem Raubbau an den natürlichen Ressourcen des Planeten, den Naturkatastrophen sowie den Idiotien des Internet-Messianismus darstellen. Die Typen, die wir als Hipster verunglimpfen, sind vielleicht nur die am wenigsten bewusste, am stärksten konsumorientierte Spitze eines Eisbergs von

Subkulturen mit substanzielleren Ideen und Gebräuchen – ich hoffe es. Ich wünschte, ich könnte jetzt erzählen, dass Williamsburg, das zwischenzeitlich zum Lebensraum der Yuppie-Hipster verkommen war, die sich vor allem der Fortpflanzung widmeten, von neuen 23- und 24-Jährigen erobert wurde, die – und das müsste man ihnen dann zugutehalten – die Übermütter und die tätowierten vierzigjährigen Väter in die ruhigeren Gegenden weiter draußen vertrieben, nach Brooklyn Heights, Clinton Hill und Park Slope. Aber ich kenne mich in Williamsburg leider nicht so gut aus.

Wie die Sache auf der Lower East Side weitergegangen ist, habe ich hingegen selbst erlebt: Das Großkapital hielt Einzug. Das Kernland der Hipster trat bald in jene Phase des Kapitalismus ein, die von oberflächlichen Nachbildungen dominiert wird. Dem typischen Muster des postmodernen Immobiliengeschäfts folgend, wurden die ursprünglichen Gebäude abgerissen und die alten Bewohner durch hohe Mieten aus einer Gegend verjagt, die man einst für ihre Authentizität gepriesen hatte; bald wurden sie durch konsensfähige Imitate ersetzt, die eine größere Anziehungskraft hatten, die teurer waren und höhere Renditen versprachen.

Ratner's, der koschere Lebensmittelladen, musste 2002 kurz vor seinem hundertsten Jubiläum schließen. Ein Jahr später eröffnete dann der Gastronomie-Unternehmer Keith McNally einen Block weiter nördlich das Lokal Schiller's. Er ahmte den Look eines alteingesessenen Etablissements aus dem Viertel nach, servierte dort allerdings Nachos. Gleichzeitig schossen die ersten Hochhäuser und Luxus-Apartments aus dem Boden: 2005 das gigantische Hotel on Rivington mit seiner betäubenden Wirkung (und Zimmerpreisen von bis zu über 800 Dollar); ein Jahr später das wie ein UFO wirkende Blue Building an der Ecke Norfolk und Delancey Street; 2008 schließlich die gleichnamige Luxuswohnanlage in der Ludlow Street (2008). Nachdem die Hipster das Gebiet kolonisiert hatten, folgte die klassische Phase der zerstörerischen Gentrifizierung. Wenn ich mich heute in den Cafés der Lower East Side mit Hipster-Kids unterhalte, dann erzählen sie mir, dass sie ab und an die 45-minütige

U-Bahn-Fahrt aus Bushwick oder Bed-Stuy auf sich nehmen, um einen Kaffee in ihrem Lieblingslokal zu trinken, weil es sie nun einmal daran erinnere, wie sie sich New York vorgestellt hatten, als sie in der Stadt ankamen.

Meine Hoffnung ist, dass der Hipster, ganz gleich, welche Energiequellen außerhalb seiner selbst er anzapfen und nutzen mag, mittelfristig die selbstzufriedene Fixiertheit auf das Weiß-Sein aufgeben oder wenigstens verringern wird – selbst wenn der Andere, von dessen Blut der Hipster sich nährt, kein Fernfahrer mehr ist, sondern ein imaginäres wildes Tier oder ein Schraubenschlüssel schwingender Einsiedler. Wenn diese konsumorientierte Kultur im hoffnungsfrohen Zeitalter von Barack Obama überlebt und sich verändert, dann werden ihre Anhänger vielleicht immer noch shoppen gehen – aber vielleicht haben sie ja eine vernünftiger zusammengestellte Einkaufsliste.

Aus dem Englischen von Tobias Moorstedt

CHRISTOPHER GLAZEK

South Side Story

Hipster gegen Chassidim

»In diesen Hallen nahm das Weib seine verführerischste Gestalt an: als Radlerin. [...] Wie die ersten Fabrikbauten sich an die überkommene Form des Wohnhauses klammern, die ersten Automobilkarosserien Karossen nachbilden, so ringt in der Kleidung der Radlerin der sportliche Ausdruck noch mit dem überkommenen Idealbild der Eleganz, und der Ertrag des Ringens ist der verbissene, sadistische Einschlag, der es für die Männerwelt dieser Jahre so unvergleichlich provokatorisch machte.«
WALTER BENJAMIN, Das Passagen-Werk

»Dies ist unser Schtetl, und unsere Mauern müssen hoch sein.«
RABBINER ZALMAN TEITELBAUM,
Oberhaupt der Satmar-Chassidim

Gegen Ende von *Falsches Spiel mit Roger Rabbit* werden Roger, Jessica und Eddie von den Wieseln gefangen und zur ACME-Fabrik gebracht, wo ihnen Richter Doom, der Schurke des Films, seinen Plan enthüllt, die Einwohner von Toontown auszurotten. Sein Ziel besteht, in zeitgenössischen Begriffen ausgedrückt, in so etwas wie Nation-Building. Zu diesem Zweck hat er sich eine besonders raffinierte Strategie ausgedacht. »Vor einigen Monaten«, erklärt Doom, »wollte es die Vorsehung, dass ich über einen Plan des Stadtrats stolperte. Einen Bauplan von gigantischen Dimensionen! Sie nennen es ›Autobahn‹.« Als der Streifen 1988 herauskam, hatten öffentliche Bauvorhaben längst die Fähigkeit verloren, den Menschen Ehrfurcht einzuflößen, aber Doom, der das in einem ins Jahr 1947 verlegten Film sagt, gerät zu Recht ins Träumen. Bald wird Toontown ein einziger Trümmerhaufen sein, seine Häuser und

Straßen planiert, um »acht Spuren schimmernden Zements von hier bis Pasadena« Platz zu machen.

Als die Stadtverwaltung unter Bürgermeister Bloomberg im Jahr 2008 bekannt gab, man wolle entlang des East River den Brooklyn Waterfront Greenway bauen, eine 14 Meilen lange (also etwa die Distanz zwischen West Hollywood und Pasadena) autofreie Grünanlage, die Bay Ridge mit Greenpoint in Brooklyn verbinden sollte, unterschied sich dieses Unterfangen in einigen Details von Richter Dooms Plan. Anstelle der Tankstellen, Motels, Fast-Food-Drehkreuze und »wunderbaren, wunderbaren Werbetafeln!«, die Doom voller Vorfreude erwartete, fantasierte die radfahrerfreundliche Agenda des Bürgermeisters ein urbanes Arkadien herbei, das von windschnittigen Pendlern, Elfen mit schmalen Taillen und ausgefallener Landschaftsarchitektur geprägt sein würde. Genau wie in Paris, wo ein trendiges Leihfahrrad-Programm die Aussichten des aufgeweckten Bertrand Delanoë bei der nächsten Präsidentschaftswahl 2012 belebt hat, wollte der zwergenhafte Michael Bloomberg auch in New York auf einem zweirädrigen Wunder den Gipfel des Umweltschützer-Starruhms erklimmen.

Im Sommer 2009 brüstete sich Janette Sadik-Khan, die Chefin der Verkehrsbehörde, bereits damit, New York sei nun die »Fahrradhauptstadt der Vereinigten Staaten« (wobei nicht ganz klar war, auf welcher empirischen Grundlage sie das tat). Wenn es nach den ökoutopischen Hardlinern in der Stadtverwaltung ginge, würde New York bald eine Radfahrkultur haben, die es selbst mit den extremistischen Enklaven in Nordeuropa – Amsterdam, Berlin, Kopenhagen – aufnehmen könnte, Städten, in denen die Straßen von der Radler-Autokratie in Geiselhaft genommen wurden und verschüchterte Fußgänger in permanenter Angst vor angriffslustigen Fahrradklingeln leben.

Zunächst musste Bloomberg allerdings erst einmal wiedergewählt werden. In den Monaten vor der Wahl begannen Bewohner von Chinatown, sich über eine neue Fahrradspur in der Grand Street zu beschweren. Sie behaupteten, die rasenden Radfahrer stellten eine Gefahr für Senioren dar, die dort die Straße überqueren wollten. Lastwagenfahrer auf Staten Island reagierten noch wütender, klammerten sich an ihre weniger werdenden Parkplätze und verjagten jeden Fahrradfahrer, der ihnen in die Quere kam. Der hartnäckigste Widerstand regte sich aber in South Williamsburg, wo die Satmar, eine Sekte chassidischer Juden, sich darüber beklagten, die frisch eingeweihte Fahrradspur in der Bedford Avenue locke Subjekte an, die man dort gar nicht gerne sah: Verantwortungslose, die sich nicht an die Verkehrsregeln hielten und die vielen Schulkinder gefährdeten, die in dem Viertel nun immer eine Furt durch den Strom der Radler finden mussten, wenn sie aus den mit hebräischen Buchstaben beschrifteten Bussen des Schulbezirks stiegen. Die jiddischsprechenden Satmar nannten diese ungebärdigen Durchreisenden »Artisten«. Der Rest der Stadt nannte sie Hipster.

Die Hipster wiederum hatten eine ganz eigene Meinung zu dem Problem, das die Satmar so sehr beschäftigte. Schon 2003 hatte die chassidische Bevölkerung Williamsburgs gegen eine Welle sogenannter »Yuppies« protestiert, Zugezogener aus Manhattan, die die Mieten in die Höhe trieben und recht verlotterte Sitten mitbrachten. Bei einem Treffen der Bezirksverordneten wandten sich chassidische Teilnehmer gegen ein teures Bauprojekt am nordwestlichen Ende des Broadway, ganz in der Nähe der Williamsburg Bridge. Sie sahen darin eine »Erweiterung des East Village«, und ein 21-jähriger Chassid warnte vor einem »sehr liberalen Lebensstil«. »Wir haben jüdische Wohnanlagen, Synagogen, ein jüdisches Gesundheitszentrum«, betonte er. Die Neuankömmlinge hingegen bevorzugten »Bars und Schwimmbäder. Wir mögen diese Dinge nicht.« Ein Rabbi zog die »Sittlichkeit« der neuen Anwohner in Zweifel und erklärte, sie seien »gefährlich für unsere Kinder«.

Vier Jahre später, als die Mieten im Zuge der Zuwanderung junger Leute aus der oberen Mittelschicht weiter in die Höhe gingen, hielten dann die Fahrradwege Einzug in South Williamsburg. Bei einer weiteren Bezirksverordnetenrunde am 8. September 2008 forderten die Chassidim die Stadt auf, die neuen Fahrradspuren auf der Wythe und der Bedford Avenue wieder zu entfernen und den Bau einer geplanten Spur in der Kent Avenue zu verschieben. Obwohl die chassidische Opposition eine Reihe von Argumenten gegen die Radwege lieferte (darunter einmal mehr die Sicherheit der Kinder beim Aussteigen aus den Schulbussen und den Verlust von Parkplätzen), wurde das explosivste Motiv vom Bezirksverordneten Simon Weisser vorgebracht. Der verriet der *New York Post*, dass ihn vor allem die Kleidung beunruhige: »Ich muss zugeben, dass das ein großes Thema ist, Frauen, die hier in dieser Aufmachung durchfahren. Es stört mich, und es stört auch viele andere Leute.« Für die Hipster offenbarte sich nun das wahre Gesicht der Satmar – sie waren Unterdrücker! In genau diesem Sommer hatten sich die Satmar nämlich über eine Werbetafel beschwert, die man vom Brooklyn-Queens Expressway aus nicht übersehen konnte: Sie zeigte das Ensemble von *90210* in Badesachen. Bereits einige Jahre zuvor hatte eine ähnliche Reklame für *Sex and the City* in der Gemeinde für großen Kummer gesorgt. Die Satmar fürchteten also gar nicht um die Sicherheit ihrer Kinder, schlussfolgerten die Hipster, sondern sie hatten Angst vor den erotischen Verlockungen. Wenn es den Satmar um Sex ging, dann sollten sie eben Sex bekommen!

Die New Yorker Verkehrsbehörde, welche die Ereignisse von ihrem Hauptquartier in der Worth Street in Lower Manhattan aus beobachtete, fand sich plötzlich in der Rolle eines kolonialen Vizekönigs wieder, der sich gezwungen sieht, zwischen kriegführenden Eingeborenenstämmen zu schlichten. Natürlich konnten die Angehörigen beider Parteien im strengen Sinn nicht als »Eingeborene« gelten – die Satmar kamen in den späten vierziger Jahren in das Viertel, die Hipster in den späten Neunzigern. Außerdem haben Stämme ja für gewöhnlich so etwas wie eine gemeinsame Vorgeschichte und eine tiefere Bindung an eine Region. Irgendwie wirkten die Hipster und die Chassidim für Außenstehende allmählich eher wie Figuren in einem Cartoon.

Eine Freundin von mir, die in einem reformiert-jüdischen Haushalt aufgewachsen ist, scherzt gern darüber, die größte Grenzüberschreitung, die sie begehen könne, sei keineswegs, eine Frau zu heiraten oder Heroin zu nehmen, sondern sich den Chassidim anzuschließen. Zwar missionieren die Satmar nicht, aber die Lubawitscher sind dafür bekannt. Dass sie dabei unter säkularen jüdischen Jugendlichen neue Anhänger finden, ist einer der Gründe, weshalb die Gruppe der Chassidim in den USA in den vergangenen Jahrzehnten so dramatisch gewachsen ist.

Es ist eigentlich ganz logisch. In ihrer jeweils extremsten Ausprägung stehen Hipster und Chassidim für rivalisierende Häresien, für zwei unterschiedliche oppositionelle Haltungen gegen die bürgerliche Moderne. Dass beide Gruppen Williamsburg ausgewählt haben, um sich ihre sezessionistische Utopie zu zimmern, kann man nur einer List der Geschichte zuschreiben – und außerdem natürlich dem L-Train.

Die Symmetrie ist frappierend, wenn auch zufällig. Beide Lager sind durch typische Haarschnitte und ungewöhnliche Kleidung gekennzeichnet. Während sich die Garderobe der Hipster ständig verändert – am einen Tag sind es Trucker-Mützen, Overalls und Kinnbärte, am nächsten Tag Fedoras, Strampelanzüge und Stirnfransen –, hat sich die Uniform der Satmar in den letzten siebzig Jahren als stabil erwiesen: weiße Hemden, Hosen, dreiteilige Anzüge, Schtreimel-Pelzhüte und Schläfenlocken für die Männer; knöchellange Kleider und üppige Perücken für die Frauen. Beide Gruppen müssen sich von ihren nächsten Verwandten (also normalen bürgerlichen Jugendlichen bzw. Mainstream-Juden) ihre wirtschaftliche Abhängigkeit von Dritten vorhalten lassen: die Hipster die von ihren Eltern und/ oder Stipendien; die Chassidim die von karitativen Einrichtungen: Auch wenn es einige Inseln des Wohlstands geben mag, bezieht doch ein Drittel der chassidischen Familien in Williamsburg in irgendeiner Form öffentliche Hilfsleistungen.

Beide Gruppen wohnen in Konstellationen, die für den entwickelten kapitalistischen Westen ungewöhnlich sind. Hipster leben oft mit einer Vielzahl von Mitbewohnern zusammen, was einer großen Spannbreite romantischer oder verzwickter platonischer Verwicklungen Vorschub leistet; Chassidim hingegen in enorm großen Familien, im Schnitt umfasst ein Haushalt neun Personen. Weder in einer Hipster- noch in einer Satmar-Wohnung wäre man überrascht, in der Küche ein Klappbett zu entdecken.

Trotz der mittelalterlich anmutenden Kostümierung ist das Chassidentum der Satmar ein relativ junges Phänomen. Die verschiedenen chassidischen Splittergruppen – Lubawitscher, Satmar, Belz – entstanden Mitte des 18. Jahrhunderts, als der mystische Rabbi Israel ben Elieser begann, mit seiner antischolastischen, kabbalistischen Revision des orthodoxen Judentums erste Anhänger um sich zu scharen. Die Satmar, eine große und besonders eifrige Untergliederung der Chassidim, wurden erst im 20. Jahrhundert vom Großrabbiner Joel Teitelbaum gegründet, den die Nazis ermordet hätten, wenn der Zionist Rudolph Kastner ihn nicht bei Adolf Eichmann freigekauft hätte. Nichtsdestotrotz hasste Teitelbaum die Zionisten, er gab ihnen sogar die Schuld am Holocaust.

Teitelbaum kam 1946 (5707 nach dem jüdischen Kalender) am jüdischen Neujahrstag in New York an, wo er eine Synagoge gründete und sich der Aufgabe verschrieb, die abgeschlossene Welt von Sathmar (oder Satu Mare) wiederherzustellen, jenem Schtetl an der rumänisch-ungarischen Grenze, in dem die Bewegung ihren Ursprung hat. Pelzhüte, Talmudstudium und Fortpflanzung waren die Gebote der Stunde. Ausgehend von der ursprünglichen Kolonie, zu der unmittelbar nach dem Zweiten Weltkrieg angeblich nur zehn Personen gehörten, wuchs die Zahl der Satmar in Brooklyn, auch aufgrund weiterer Einwanderung, auf über 35 000 Gläubige an. Obwohl Teile dieser Gemeinschaft von Armut geplagt sind, geht es den Satmar von Williamsburg besser als ihren Glaubensgenossen in der etwa achtzig Kilometer nordwestlich gelegenen Siedlung Kiryas Joel, die als ärmste Kommune in den Vereinigten Staaten gilt. Die urbanen Satmar hingegen stiegen in Brooklyn in die Immobilienbranche ein, noch bevor eine Reihe von Booms die Preise in die Höhe trieben, außerdem widmen sie sich dem traditionellen Diamantengeschäft.

Die Satmar sprechen untereinander Jiddisch. Ihre wichtigste Zeitung, *Der Yid*, hat eine Auflage von 50 000, also etwa so viel wie die *London Review of Books* (und ungefähr halb so viel wie die deutsche Ausgabe von *Vice*). Auch die Hipster lassen seit Langem ihre Zuneigung für das Jiddische erkennen, besonders wenn es, wie in der Klezmer-Musik, mit Akkordeons zu tun hat. Franz Kafka, ein großer, wenn nicht sogar der ursprüngliche Hipster, hatte bekanntlich eine Schwäche für jiddisches Theater.

Wie andere schismatische Splittergruppen stehen auch Satmar und Hipster vor der Herausforderung, angesichts des Generationenwandels ihre Einheit zu bewahren. Wie Michael Powell in *New York* berichtet, übernahm nach dem Tod des charismatischen Gründers Rabbi Joel im August 1979 sein Neffe Moshe Teitelbaum die Führung der Gemeinde. Obwohl Mohses Anziehungskraft nie an die Joels heranreichte, wuchs und gedieh die Gemeinschaft auch weiterhin. Zunächst galt Moshes ältester Sohn Aron als designierter Nachfolger, zwei Jahre vor seinem Tod im Jahr 2001 salbte Moshe dann allerdings seinen drittältesten Sohn Salman. Aron stellte diese Entscheidung öffentlich infrage, weshalb wiederholt das Beth Din (das Rabbinatsgericht der Satmar) angerufen wurde. Im Jahr 2006 weigerte sich das Berufungsgericht des Staates New York schließlich, in der Angelegenheit ein Urteil zu treffen, man entschied, der interne religiöse Streit sei »nicht justiziabel«. Auch wenn sie weit weniger prozesssüchtig sein mögen, werden doch auch die Williamsburger Hipster von Spannungen zwischen den Alterskohorten heimgesucht, seit die alternden Pioniere Baby-Boutiquen in die Bedford Avenue gelockt und so den Spott der jüngeren Nachzügler auf sich gezogen haben.

Mitten in dieser unruhigen Zeit, in der die zwei Gruppen von der Auflösung bedroht waren, begannen sich nun plötzlich auf beiden Seiten Gerüchte über eine Konfrontation wegen der Radwege zu verbreiten. Die Hipster fingen an, sich über die immer aggressiveren Schimpfwörter zu ärgern, die ihnen wütende Fußgänger mit schwarzen Hüten auf der Bedford Avenue hinterherriefen. Obwohl die Beleidigungen auf Jiddisch erfolgten – die Hipster finden Jiddisch zwar prinzipiell toll, verstehen aber kein Wort –, war den Radfahrern doch klar, worum es so ungefähr ging. Eine bekannte, in Radfahrer-Foren immer wieder wiederholte Geschichte handelt von einem knüppelschwingenden Busfahrer, der jedem Hipster, der sich über seine

Parkposition beschwerte, hinterherjagte und ihn zum Krüppel zu schlagen drohte. Taumelte das Viertel etwa einem Anti-Hipster-Pogrom entgegen?

In einer besonders furchteinflößenden urbanen Legende spielt eine Figur die Hauptrolle, die als »rothaariger chassidischer Vergewaltiger« notorische Berühmtheit erlangte. In dieser Geschichte, einer aus Sicht der Hipster auf geradezu bizarre Weise gebrochenen Version der chassidischen Angst vor den sexbesessenen »Artisten«, wurde der Jäger selbst zur Beute: Dem Vernehmen nach betrat ein jugendlich frischer Hipster-Ganymed eines Nachts zu später Stunde sein Zimmer, wo ihn ein übergewichtiger, orthodoxer Besucher mit rotem Haar in seinem Kleiderschrank erwartete. Einmal entdeckt, versuchte der chassidische Vergewaltiger den Jungen zu küssen, doch schon beim ersten Anzeichen des Widerstands suchte er das Weite. Dass diese schattenhafte Gestalt in Wirklichkeit nicht gewalttägig, dem Knaben freundlich zugetan und vor allem kein Vergewaltiger war, tat ihrer Faszination keinen Abbruch.

Im November 2009 rettete sich Bloomberg schließlich mit knapp über fünfzig Prozent der Stimmen in seine dritte Amtszeit. Vier Wochen später verkündete die Stadt, man habe beschlossen, die Fahrradspur in der Bedford Avenue zwischen der Flushing Avenue im Süden und der Division Avenue im Norden zu entfernen, also immerhin auf einer Strecke von vierzehn Blocks. Seth Solomonow, ein Sprecher der Verkehrsbehörde, erklärte, die Maßnahme sei »Bestandteil laufender Anpassungen des Radwegenetzwerks im Viertel«. Andere sprachen von einem Kuhhandel, einem Deal, den Bloomberg und die Oberhäupter der Satmar vor der Wahl geschlossen hätten. Solomonow forderte die Radler jedenfalls auf, von nun an die in beide Richtungen befahrbare Spur in der Kent Avenue und eine durch Barrieren geschützte Spur in der Williamsburg Street zu nutzen. Ein Sprecher des Bürgermeisters adelte die Ersatzroute gar zum »Cadillac unter den Radwegen«.

Die erste Reaktion der Hipster war wütend, aber friedlich. Eine kleine Gruppe als Clowns verkleideter Aktivisten führte einen Trauerzug an, der die Bedford Avenue hinaufmarschierte, allerdings gelang es ihnen nicht, die Anteilnahme der Öffentlichkeit zu wecken. Das lag vor allem daran, dass sie über keinerlei Protestvokabular verfügte, das über die Rhetorik eines Stipendienantrags hinausgegangen wäre. »Für alle verpflichtende, gesicherte Fahrradfahrerspuren schützen nachhaltig die körperliche Unversehrtheit der Fahrradfahrer, sie stellen eine Verschönerung des Stadtbilds dar und nutzen zum Wohl der Allgemeinheit weit effizienter den öffentlichen Raum«, sagten die Clowns.

Andere schritten zur Tat: Sie malten die Fahrradfahrerspur einfach wieder auf. Der erste Versuch fand in zwei Etappen statt: am Freitag, dem 27. November (es war Sabbat), und am folgenden Sonntag. Die Maler posteten bei Youtube ein Video, das die Heldentaten dokumentierte, die sie mit Farbrollen, Spraydosen und Schablonen vollbrachten (das Video ist bis heute abrufbar; Anm. d. Ü.). Der Clip ahmte den Heimwerker-Charme der Fernsehsendung Trading Spaces nach, die Hipster-Protagonisten wirken jugendlich vital und legen handwerkliches Geschick an den Tag. Die Sequenz endet mit einem Hinweis, der in grellweißen Lettern auf vier Schrifttafeln gesetzt wurde:

> **Wir sind Radfahrer aus New York City, und unsere Botschaft ist eindeutig: Wagt es ja nicht, uns unsere Radwege wegzunehmen.**
>
> **Wir nutzen diesen Abschnitt der Bedford Avenue, weil das der direkte Weg zur Williamsburg Bridge ist.**
>
> **Wir werden ihn auch weiterhin nutzen, egal ob es eine Fahrradspur gibt oder nicht. Aber wenn es keine Fahrradspur gibt, so setzt uns das größeren Risiken durch den Autoverkehr aus.**
>
> **Aus genau diesem Grund gibt es ja Fahrradspuren – wegen der Sicherheit. Versucht nicht, sie zu entfernen, sonst werden wir sie zu unserer eigenen Sicherheit erneut einrichten.**

Hier griffen die Hipster unverkennbar auf die Strategie eines Teenagers zurück, der Erwachsene auffordert, »die Sache doch mal vernünftig zu betrachten«. Sie wiesen zunächst auf das Thema Sicherheit hin, dann auf die Unvermeidlichkeit von Regelverstößen für den Fall, dass gegen das Kind entschieden würde.

Die Arbeiten zur Wiederherstellung der Fahrradspur waren beinahe abgeschlossen, als sich die Hipster plötzlich einer Art Bürgerwehr der Satmar gegenübersahen – den Shomrim –, die die Vandalen in den Schwitzkasten nahmen, bis die Polizei eintraf. Die Beamten verhafteten zunächst niemand, als jedoch das Video gepostet wurde und die Satmar sich beschwerten, wurden die Wiederaufmaler Quinn Hechtropf und Katherine Piccochi schließlich wegen »groben Unfugs« und »Verschandelung des Straßenbilds« inhaftiert. Der selbst in der Niederlage aufrechte Hechtropf bezeichnete sich als einen »von jüdischem Selbsthass erfüllten Hipster«.

Nach der Festnahme von Hechtropf und Piccochi wollten die Hipster den Konflikt eskalieren lassen und nackt eine Fahrradtour entlang der Route des ursprünglichen Trauerzugs durchführen. Eine von der 27-jährigen Fahrradkurierin Heather Loop organisierte Gruppe, die sich selbst als »Freedom Riders« bezeichnete, verabredete sich am Wreck Room, einer Hipster-Festung in der Flushing Avenue, um gemeinsam zur Williamsburg Bridge zu radeln – nur in Slips und oben ohne. »Wer mit spärlich bekleideten Frauen nicht klarkommt«, erklärte Loop gegenüber den Reportern, der solle eben »an einen Ort ziehen, wo man sein eigenes kleines Schutzgebiet einrichten kann, zum Beispiel weiter nördlich im Staat New York«. Dummerweise hatte sich Loop allerdings einen der kältesten Tage des Winters ausgesucht, die Beteiligung war gering, außerdem radelte niemand nackt, wenngleich sich einige Teilnehmer Gummibrüste um die Wollmäntel geschnallt hatten.

Die Hipster luden die chassidische Gemeinde nun zu einer öffentlichen Debatte ein, die schließlich am 25. Januar 2010 in Pete's Candy Store in der Lorimer Street stattfand. Von neutralem Gebiet konnte dabei schwerlich die Rede sein, was vermutlich der Grund war, dass nur drei Satmar aufkreuzten, der

Aktivist Isaac Abraham und zwei Begleiter. Wie Michael Idov in einem Artikel für *New York* berichtete, schlug sich Abraham angesichts der überwältigenden Überzahl der Radlerfreunde durchaus wacker und wetterte voller Überzeugung gegen die respektlosen Tempo-Dämonen (im Laufe des Abends offenbarte er, dass seine Frau Opfer eines Radlers geworden war, der überdies Radfahrerflucht begangen hatte). Die Hipster parierten diese Hiebe mit ihren eigenen Horrorgeschichten, auch der knüppelschwingende Busfahrer wurde ins Feld geführt. Irgendwann fragte der entgeisterte Abraham: »Mit anderen Worten: Sie wollen also, dass ich in meine Gemeinde zurückkehre mit der Botschaft: ›It's their way or the highway‹?« Worauf der offiziell unparteiische Moderator entgegnete: »Their way IS the highway!«[15]

Nach der Veranstaltung räumte ein Blogger auf FreeWilliamsburg.com ein, Abraham habe durchaus so gewirkt, als sei er aufrichtig um die Sicherheit der Fußgänger besorgt, was seitens der Hipster einer Rückkehr zur Sanftmut den Weg ebnete. Während der Debatte selbst hatte Caroline Samponaro, eine Aktivistin der Organisation Transportation Alternatives betont, Fahrradfahrer und Fußgänger seien *beide* »toll«, man solle »zusammen- und nicht gegeneinander arbeiten«. Ihre Lösung (bzw. ihr Lösungsversuch) bestand in dem Vorschlag, »Winke-winke-Mittwoche« einzuführen, an denen sie während der Rushhour mit einer Gruppe von Hipstern durch die Konfliktzone radeln und chassidischen Passanten zuwinken wollte, um »mehr Sicherheit« und »ein besseres nachbarschaftliches Klima« zu befördern.

Die Rolle der Doña Marina (einer auch Malinche genannten Indianerin, die zwischen mexikanischen Ureinwohnern und spanischen Eroberern vermittelt haben soll; Anm. d. Ü.) nahm in

15 Da es vermutlich nur mithilfe wenig eleganter sprachlicher Verrenkungen möglich wäre, den Wortwitz dieses Dialogs ins Deutsche zu retten, wird diese Passage hier im Original wiedergegeben. »It is my way, or the highway« bedeutet im Englischen so viel wie »Take it or leave it«, also etwa »So oder gar nicht«. In jedem Fall macht der Sprecher damit klar, dass er nicht bereit ist, irgendwelche Kompromisse einzugehen (Anm. d. Ü.).

diesem Drama schließlich eine Person ein, die nicht nur den Ansprüchen der Hipster und der Chassidim genügte, sondern auch und vor allem jenen der Presse: Baruch Herzfeld, ein 38-jähriger ehemaliger Satmar, der einen Fahrradladen namens »Traif Bike Gesheft« betreibt, »den unkoscheren Fahrradladen«. Herzfeld moderierte die Aussprache in Pete's Candy Store, eine Aufgabe, für die er sich mit seinem soliden Ruf als Pendeldiplomat qualifiziert hatte. In seinem »Gesheft« gab Herzfeld den Satmar zwar immer ordentliche Rabatte, während der Fahrradspur-Kontroverse hatte er sich allerdings auf die Seite der Hipster geschlagen. Er wurde sogar als »inoffizieller Sprecher« der Wiederaufmaler bezeichnet, obgleich nie wirklich geklärt werden konnte, wie weit sein Engagement wirklich reichte.

Ein paar Blocks von Herzfelds »Gesheft« entfernt liegt ein auf Schweinefleischgerichte spezialisiertes Restaurant, das ebenfalls »Traif« heißt und in dem sowohl Hipster als auch Chassidim auf Abwegen zu Gast sind. Echte Hipster bevorzugen natürlich Gottlieb's, einen koscheren chassidischen Deli gleich um die Ecke. In einem Artikel des *Wall Street Journal*, der dem Handel zwischen Hipstern und Chassidim gewidmet war, erklärte ein 25-jähriger, vom Geld seiner Eltern lebender Motorradfahrer, bei Gottlieb's gebe es einfach »alles – gutes Essen, gute Preise, Ironie«.

Entlang der Lee Avenue, dem SoHo der Satmar, sind überall schnell ausschreitende Paare von Männern zu sehen, überall wuseln Kinder herum, die nur gelegentlich innehalten, um an den Ärmeln ihrer überforderten Mütter zu zupfen. Überall im Viertel gibt es gut besuchte Spielplätze. Dort laufen, spielen, schreien und *radeln* die kleinen Satmar, Jungen wie Mädchen – ungestraft kurven sie auf einer Vielzahl von Rollern, Wägelchen, Fahrrädern und Dreirädern durch die Gegend. Hier trainiert der Nachwuchs für die Kavallerie des Bürgermeisters.

Im Laufe des Frühjahrs zeigten sich immer mehr Anzeichen dafür, dass allmählich Tauwetter anbrach zwischen den einstmals verfeindeten Gruppen. Im Mai kam dann der Film *Holy Rollers* in die New Yorker Kinos, der auf dem Sundance Festival ein großer Erfolg gewesen war. Darin ist unter anderem

Jesse Eisenberg zu sehen, der einen jungen Williamsburger Chassidim mit Schläfenlocken spielt, der als Drogenkurier Ecstasy über den Atlantik schmuggelt. Die Hipster waren der Ansicht, Eisenbergs Rolle sei kaum von der eines jüdischen Jugendlichen zu unterscheiden, den er in Noah Baumbachs *Der Tintenfisch und der Wal* dargestellt hatte.

Am 27. Juni 2010 setzten die Verkehrsbetriebe dann ein ganzes Paket von Maßnahmen um, das die Linienführung der New Yorker U-Bahnen betraf. Welche Folgen das für jenes Viertel haben wird, das in Eisenbergs Debüt als Chassidim gezeigt wird, ist noch nicht endgültig absehbar. Der einst verschlafene M-Train, dem weitverbreiteten Gerüchten zufolge die Abschaffung gedroht hatte, entpuppte sich überraschend als Gewinner: Er annektierte einfach die V-Linie, und plötzlich gab es eine direkte Verbindung von South Williamsburg über SoHo und das West Village bis nach Midtown. Die inzwischen verschwundene Fahrradspur auf der Bedford Avenue hatten täglich Hunderte Menschen benutzt. Den M-Train benutzen Hunderttausende.

Historisch betrachtet, bevorzugte ein bestimmter Typus von Hipster ohnehin von jeher South Williamsburg gegenüber seinem modischen Cousin im Norden – genau wie ein bestimmter Typus von Manhattanites selten nach South Williamsburg kommt, am ehesten noch, um im traditionsreichen Steakhaus Peter Luger zu Abend zu essen. Auf einmal finden sich die Leute in der South Side von Williamsburg – puristische Hipster und fromme Satmar, zwei Gruppen, die sich an ihre Abgeschiedenheit gewöhnt haben – in einem der angenehmsten und billigsten Viertel einer der größten und habgierigsten Städte der Welt wieder. Sie sollten es genießen, solange sie die Gelegenheit dazu haben.

Aus dem Englischen von Niklas Hofmann

Baldwin, James, »The black boy looks at the white boy«, in: *Esquire* (Mai 1961), wiederabgedruckt in: ders., *Nobody Knows My Name. More Notes of a Native Son*, New York: Dial 1961, S. 216-241.
Bourdieu, Pierre, *Die feinen Unterschiede. Kritik der gesellschaftlichen Urteilskraft*, Frankfurt am Main: Suhrkamp 1987 [1979].
Broyard, Anatole, »A portrait of the hipster«, in: *Partisan Review* (Juni 1948).
Broyard, Anatole, »Correspondence«, in: *Partisan Review* (September 1948).
Dewan, Shaila K. »With lights out, looters set sights on sneaker shops«, in: *The New York Times* (18. August 2003).
Ellison, Ralph, *Invisible Man*, New York: Random House 1952.
Frank, Thomas/Weiland, Matt (Hg.), *Commodify Your Dissent*, New York: Norton 1997.
Garnier, Jean-Pierre, *Une violence éminemment contemporaine. Essais sur la ville, la petite bourgeoisie intellectuelle et l'effacement des classes populaires*, Marseille: Agone 2010.
Grigoriadis, Vanessa, »The edge of hip. Vice, the brand«, in: *The New York Times* (28. September 2003).
Idov, Michael, »Clash of the bearded ones. Hipsters, Hasids and the Williamsburg streets«, in: *New York* (11. April 2010).
Jameson, Fredric, *Postmodernism, or, The Cultural Logic of Late Capitalism*, Durham: Duke UP 1991.
Kneebone, Elizabeth/Garr, Emily, *The Suburbanization of Poverty. Trends in Metropolitan America, 2000 to 2008*, Washington, DC: Brookings Institute 2010.
Lacayo, Richard, »I everyone is hip … Is anyone hip?«, in: *Time* (8. August 1994).
Lanham, Robert, *The Hipster Handbook*, New York: Anchor Books 2002.
Leland, John, *Hip. The History*, New York: Harper Collins 2004.
Mailer, Norman »Der weiße Neger« [1957], in: ders., *Reklame für mich selber*, Frankfurt am Main/Berlin: 1986 [1959], S. 369-391.
McInnes, Gavin, »It's hip to be square«, in: *The American Conservative* (11. August 2003).
N. N., »Hipster Boogie«, in: *XXL* (Juni 2008).
N. N., »*Vice* rising. Corporate media woos magazine world's punks«, Interview mit Suroosh Alvi, Shane Smith und Gavin McInnes, in: *NY Press* (8. Oktober 2002).
N. N., »The new conservatives«, in: *Vice* (August 2002).
Perry, Charley, *The Haight-Ashbury. A History*, New York: Random House 1984.
Powell, Michael, »Hats on, gloves off«, in: *New York* (1. Mai 2006).
Smith, Greg B., »Owners of looted store sue city«, in: *New York Daily News* (19. August 2003).
Weiss, Bari, »Hasids vs. Hipsters. A Williamsburg story«, in: *Wall Street Journal* (17. April 2010).

Foto nächste Seite:
»Hipster müssen draußen bleiben«: Aushang im Schaufenster einer Galerie in der Weserstraße in Berlin-Neukölln, aufgenommen im Oktober 2011 (© Tobias Scholz).

Tonight afterShowParty
Sorry No Entry
for Hipsters
from the U.S.
-other ple imitating american
hipsters are also not welcome.
-the capacity of spanish hipsters &
tourists is almost overdosed
- portuguise welco !

Reaktionen von diesseits des Atlantiks

TOBIAS RAPP

Hackescher Markt, Trucker-Mütze, Tourist
Der Berliner Hipster in drei Begriffen

»London ist teuer, Paris ist scheiße,
New York ist retro, auf seine Weise.
Es gibt einen Ort, der kickt total,
wenn Du nicht dabei bist,
ist Dein Leben ne Qual.

Du weißt Bescheid, sei bereit,
Du bist in Berlin Mitte, Boy.
So cool. So Frei. In Berlin Mitte.

Berlin Mitte Boy
Deine Party kennt kein Ende
Du bist ein Berlin Mitte Boy,
Hackescher Markt statt Broadway.

Alle sind horny, alle sind drauf.
Wir wissen genau, das hört niemals auf.
Gib jetzt Vollgas, zeig was geht.
Haut total rein, es ist nie zu spät.
[...]
Cookies, Cibo, WMF, hier bist Du der Superchef.
Lore, Riva, Schwarzenraben, hier kann man Dich gerne haben.
Casino, Oxy, Greenwich, Sage, this is where you spent your wage.«

BERLIN MITTE BOYS,
»Berlin Mitte Boy« (2000)

Der Hackesche Markt

Er lächelt einem heute eigenartig melancholisch zu, der Song »Berlin Mitte Boy« von den Berlin Mitte Boys, einer Retortencombo rund um den *Frontpage*-Gründer und Techno-Größenwahnsinnigen Jürgen Laarmann. Laarmann war einer der großen Berliner Subkultur-Zampanos der neunziger Jahre, das Lied war sein wahrscheinlich letzter Streich, es wurde auch nie ein Erfolg. Der Charme des Songs bestand damals in der unglaublichen Anmaßung. Im Jahr 2000, als es erschien, war es ein Witz, Berlin mit New York, Paris und London in eine Reihe zu stellen, gar »Hackescher Markt statt Broadway« zu singen. Das hatten die Politiker gemacht, die Berlin nach dem Mauerfall ins Konzert der Großmetropolen reden wollten, die auf den riesigen Boom gehofft und dabei gigantische Schuldenberge angehäuft hatten. Oder konservative Intellektuelle, die auf die Wiederauferstehung preußischer Gloria hofften. Sonst niemand.

Heute ist man zum einen ob der prophetischen Kraft dieser Zeilen erstaunt. Berlin und insbesondere Berlin-Mitte sind zu einem der Hipness-Zentren der westlichen Welt geworden. Etwas, womit noch vor zehn Jahren niemand ernsthaft rechnen konnte. Gleichzeitig ist das Lied aber Zeugnis einer untergegangenen Welt. Bis auf das Greenwich, eine kleine Bar in der Steinstraße, und das Cookies, einen Club, der sich nach einigen Stationen nun an der Ecke Friedrichstraße/Unter den Linden befindet, gibt es keinen einzigen der Läden mehr, die hier gefeiert werden.

Das Cibo Matto, ein drogenverseuchtes italienisches Restaurant unter dem Altersheim gegenüber den Hackeschen Höfen, ist schon lange geschlossen. Die Macher des WMF, eines der besten Clubs der neunziger Jahre, versuchten Ende der nuller Jahre nach einer längeren Pause, ihren alten Ruhm noch einmal in die neue Zeit zu retten. Es wurde nichts, nach wenigen Monaten war der Laden wieder zu. In den Räumen des Schwarzenraben, damals ein Restaurant in der Neuen Schönhauser Straße, ist heute ein Jeansgeschäft. Die Lore, eine Kellerbar, gibt es ebenfalls nicht mehr. Das Oxymoron ist heute ein Restaurant. Das Sage, das Casino und das Riva sind zu. Auch das Appartement, ein stilprägender Klamottenladen, hat die Gegend um den Hackeschen Markt verlassen. Der Melting Point, einer der ersten Plattenläden von Mitte, ist weg, genau wie die Automatenbar, eine experimentelle Bar ohne Personal, die von ausgehfreudigen Computerprogrammierern betrieben wurde, die Maschinen mochten und von der Idee fasziniert waren, eine Bar zu organisieren, als wäre sie ein Waschsalon. Das Suicide ist weg, ein Techno-Club. Die Aktionsgalerie, ein undurchschaubarer Kunst-Musik-Trinken-Club. Ebenfalls verschwunden: ein riesiger House-Club im Keller der Hackeschen Höfe, der aus guten Gründen wenig Aufsehen machte, er war als Verein zur Förderung der afrikanischen Tanzkultur angemeldet.

Die Liste könnte man ewig fortsetzen. In der Gegend rund um den Hackeschen Markt ist in den vergangenen Jahren eine Welt untergegangen. Die Welt des Berlin-Mitte-Hipsters.

Es gibt keinen Grund, das zu beweinen, Bewegung ist nun einmal das Wesen des subkulturellen Geschehens. Auf und Ab, Aufmachen und Zumachen, die ewige Neubegründung. Denkmalschutz ist ein natürlicher Feind. Trotzdem ist die schiere Geschwindigkeit erstaunlich, mit der diese äußerst lebendige Szene innerhalb weniger Jahre aus ein paar Straßen verschwunden ist, die sie äußerst vital zu bespielen verstand. Ohne irgendwelche Spuren zu hinterlassen und ohne irgendwelche Institutionen auszubilden, die die Kraft gehabt hätten, dem ökonomischen Druck, der die Gegend umgestaltet hat, etwas entgegenzusetzen.

Das Viertel um den Hackeschen Markt besteht heute fast ausschließlich aus Schuhläden, Boutiquen, Coffee-to-go-Ketten, Restaurants, die auf Laufkundschaft setzen. Vor allem aber: aus sogenannten Flagship-Stores, Geschäften großer, globaler Marken. Adidas, Carhartt, Hugo Boss, Diesel. Und Wochenende für Wochenende schieben sich Tausende von Menschen durch die Läden, junge Leute aus aller Welt glauben, hier etwas zu finden, was es in ihren Heimatstädten nicht gibt. Das trägt manchmal surreale Züge. Der Laden des norwegischen Modelabels Acne etwa ist immer wieder voller Norweger, die hier Dinge kaufen, die sie zu Hause genauso bekommen könnten.

Irgendetwas scheinen diese Straßen zu haben, was anderen fehlt. Es ist der Schatten des Berlin-Mitte-Hipsters. Es gab ihn in mehreren Ausgaben, mehrere Generationen von Hipstern zogen seit dem Mauerfall in diese Straßen. Die Gegend ist ein ehemals jüdisches Viertel, aus dem die Nazis viele tausend

Bewohner deportierten und in dem viele Gebäude arisiert wurden. Außerdem wurde der Stadtteil in der DDR-Zeit weitgehend vernachlässigt und dem Verfall preisgegeben, weshalb in den frühen Neunzigern viele Häuser leer standen. Manche wurden in der Zeit zwischen Mauerfall und Wiedervereinigung von Ostdeutschen besetzt, andere in den Monaten danach. Später kamen die Wessis dazu.

Nachdem die Zeit der Besetzungen vorbei war, begann die der Zwischennutzungen. Bei vielen Häusern waren die Eigentumsverhältnisse unklar, die Besitzer ließen sich oft auf temporäre Mietverträge ein. Galerien und Läden ohne klares Geschäftsmodell machten auf und wieder zu. Es war ein großer Abenteuerspielplatz, Rafael Horzons *Das weiße Buch* beschreibt diese Jahre schön und akkurat. Die Mieten waren billig, Geld spielte keine große Rolle.

Damit ist es heute vorbei. Wobei zumindest Letzteres in gewisser Hinsicht immer noch gilt. Kaum jemand mag offen darüber sprechen. Aber die wenigsten Läden in der Gegend rund um den Hackeschen Markt machen Gewinne. Fast alle machen sogar Verluste. Denn auch wenn sie aussehen wie Geschäfte: In Wirklichkeit sind diese Läden eher Werbeflächen, Präsenz-Sphären für Brands des globalen Lifestyle-Kapitalismus. Die Mieten sind mittlerweile viel zu hoch, als dass ein Schuh- oder Klamottenladen sie mit normalen Verkäufen wieder einspielen könnte. Eine Situation, an der sich in den kommenden Jahren wenig ändern dürfte, denn macht ein Laden zu, gibt es immer noch zahlreiche Bewerber, die bereit sind, viel Geld dafür auszugeben, hier eine Dependance eröffnen zu dürfen. Warum?

Der Berlin-Mitte-Hipster, der diese Gegend einmal kolonisierte, hatte, auch wenn er von sich selbst anderes annahm, im Grunde nur eine hervorstechende Fähigkeit: Er wusste mit Raum umzugehen. Wie hätte es auch anders sein können, mit dem Mauerfall öffnete sich schließlich eine Stadthälfte zur Eroberung, die zwar nicht leer von Menschen war, aber untermedialisiert und lange noch nicht auserzählt. Die Räume waren da, sie warteten darauf, interpretiert und bespielt zu werden. Das machte auch die Attraktivität von Bildender Kunst und Musik für den Hipster aus: Beides sind Raumgestaltungskünste. An jedem neuen Club war zuallererst die Location interessant, die Art und Weise, wie die Macher sich des Raums bemächtigt hatten, die Schönheit ihrer Problemlösungen. Die Musik war nur ein Teil davon. Ähnliches könnte man für die Kunst behaupten.

Tatsächlich dürfte das auch der Grund sein, warum Musik und Bildende Kunst die zwei Felder sind, für die Berlin heute in der Welt so berühmt ist und warum es mit der Modestadt Berlin bislang nicht so richtig klappt, allen Hipster-Bemühungen zum Trotz. Weil für Musik und Kunst der Raum so wichtig ist, ist der Betrieb von Clubs und Galerien auch mit überschaubarem Aufwand verbunden. Beides ist in Berlin eine recht mittelständische Angelegenheit geblieben. Mode hingegen ist eine Industrie, man braucht spezialisierte Zulieferbetriebe, Anschlüsse an Vertriebsnetze. Die zugehörigen Events machen lediglich einen Teil ihrer Oberfläche aus. Und nur diese Oberfläche ist das Spielfeld des Berlin-Mitte-Hipsters. Wieder und wieder hat er seit dem Mauerfall neue Räume entdeckt, mit Leben gefüllt, bejubelt, durchdrungen, wieder fallen gelassen und sich dann neue gesucht. Die Schönheit dieses Spiels bestand gerade in der Weigerung, sich an einen Raum zu gewöhnen. Aber wenn Gewöhnung langweilt, wenn immer neue Räume hermüssen, weil das Erfinden von Raumsituationen die eigentliche Kunst ist, hat man den Kräften der ökonomischen Verwertung wenig Beharrung entgegenzusetzen. So kamen dann irgendwann die großen Modekonzerne aus aller Welt und übernahmen eine Gegend, die der Mitte-Hipster erfunden hatte. Die Erfindung wirkt mächtig weiter, obwohl der Hipster längst weg ist. Man muss auch nicht um ihn trauern, die Stadt ist groß.

Die Denkmalschützerin Charlotte von Mahlsdorf hat in den Neunzigern in ihrem Buch *Spaziergänge durch Mitte* dokumentiert, welche Reste ihrer geliebten Gründerzeit sich durch die DDR-Jahre retten konnten. Das realsozialistische System war einfach nicht effizient genug, die Stadt durchgängig nach seinen Vorstellungen umzuformen. Der Konsumkapitalismus unserer Tage ist da besser organisiert. Das eine wird zum Denkmal erklärt, das andere muss weichen.

Der einzige Laden in der Gegend rund um die Hackeschen Höfe, der damals da war, den es heute noch gibt und der auch keine Anstalten macht zu verschwinden, dürfte übrigens das Cinema Café sein. Es kommt nicht vor in »Berlin Mitte Boy«, wahrscheinlich war es Laarmann und seinen Hipster-Freunden nicht hip genug, vielleicht haben sie es auch einfach übersehen mit seiner kleinen Fensterfassade, in der alte Filmscheinwerfer stehen. Sie stehen dort schon lange, das Cinema Café war das erste Café in der Gegend, direkt nach der Wende. Deshalb hat es einen uralten Mietvertrag.

Die Trucker-Mütze

Deutsche Subkulturen haben ein inniges Verhältnis zu amerikanischen Mützen. Als Hip-Hop in den späten Achtzigern und frühen Neunzigern in Deutschland aus dem migrantisch geprägten Untergrund auftauchte und für rocksozialisierte deutsche Mittelschicht-Jungs interessant wurde, war es die Baseball-Mütze, die Zugehörigkeit zu diesem neuen und aufregenden Sound signalisierte. Falsch herum aufgesetzt natürlich. Auch die Turnschuhe ohne Schnürsenkel, die teuren Trainingsanzüge und die tief hängenden Hosen fanden nach und nach ihren Weg nach Europa, sogar die dazugehörigen Geschichten erzählte man sich. Knastmode sei das, so hieß es, den Gefangenen würden im Gefängnis nämlich Gürtel und Schnürsenkel abgenommen, damit sie sich nicht erhängen können. Nach der Entlassung würden sie weiter so herumlaufen, um zu zeigen, dass sie im Knast gewesen waren. Das gab dem Ganzen eine kontroverse Anziehungskraft, markierte aber auch die Grenzen der Kleidungsstück-Symbolik: All diejenigen, auf die das Image des vorbestraften Afroamerikaners keine gesteigerte Anziehungskraft ausübte, liefen weiter mit ordentlich zugebundenen Turnschuhen herum. Aber eben mit umgedrehter Basecap. Zu ihr gab es keine Geschichte. Es war einfach eine Mütze, die zu einem Sport gehörte, der in Deutschland fast niemandem etwas bedeutete. Warum sie ausgerechnet falsch herum aufgesetzt wurde, wusste ebenfalls niemand, wahrscheinlich gibt es auch gar keinen Grund. Es war einfach anders, unkonventionell.

Zehn Jahre später war es wieder eine amerikanische Mütze, die Hipness markierte: die Trucker-Mütze. Es begann irgendwann um 2002 herum, ab 2004 sah man sie dann überall. Getragen wurde sie immer richtig herum, sie war etwas größer als die Basecap, immer aus Kunststoff, hatte einen Schirm, der sich nicht so leicht biegen ließ wie der ihrer Vorgängerin, der vordere Teil war groß und aufrecht, oft prangte ein Symbol oder ein Schriftzug darauf, hinten klebte sie nicht dicht am Kopf, sondern sie ließ etwas Luft, oft war das Material am Hinterkopf von kleinen Löchern unterbrochen. Die Trucker-Mütze.

Sie war nicht das einzige typische Hipster-Kleidungsstück jener Tage. Gerne wurde ein angeschmuddeltes Jackett dazu getragen, darunter ein altes Heavy-Metal-Band-T-Shirt und eine Trainingshose. Das Ganze ging einher mit einem generellen Trend zur gekonnten Verwahrlosung, man begann, sich nicht mehr zu rasieren, aus dem Drei-Tage-Bart wurde der Sieben-Tage- und schließlich der Vollbart. Das war der Mitte-Hipster der beginnenden nuller Jahre, wie man ihn in Clubs wie etwa dem Rio auf der Chausseestraße antreffen konnte.

Am Rio war zweierlei interessant. Zum einen war es ein heterosexueller Abschleppladen, etwas Besonderes in Berlin, wo die meisten Läden, wenn sie Abschleppläden sind, meist ein schwules Publikum haben. Zum anderen lief dort kein Minimal Techno, wie sonst überall, eigentlich lief überhaupt kein Techno. »Electroclash« nannte man die Musik, die im Rio oft gespielt wurde, eine Musik, die sich an düsteren Synthie-Pop-Entwürfen der Achtziger orientierte und die gegenüber Techno den Vorteil hatte, nicht so gesichtslos zu sein. Sie war stärker mit Elementen der Theatralität behaftet.

Interessanterweise wurde genau diese Musik im hippen Ausland, also in London und New York, als besonders typisch für Berlin angesehen. In Williamsburg, dem damals gerade boomenden neuen Hipster-Stadtteil in Brooklyn, gab es etwa eine Party-Reihe namens »Berliniamsburg« die eine imaginäre Hipster-Allianz zwischen Berlin und New York behauptete.

Das Berlin, in das man sich dort hineinimaginierte, war aber weniger das reale Berlin der Jahre 2001 ff. als vielmehr eine bizarre Mischung aus einem Frühe-Achtziger-Christiane-F.-David-Bowie-Berlin, das es so natürlich auch nie gegeben hatte, und einigen Spritzern Zwanziger-Jahre-Dekadenz sowie Kalter-Krieg-Sexiness. Vielleicht kündigte sich damals schon an, dass bald viele New Yorker Musiker und Künstler nach Berlin ziehen würden, die Sehnsucht war da, in New Yorker Lifestyle-Magazinen erschienen die ersten Berlin-Schwerpunkte, aber dieser Wunsch war noch durch keinen Realitätsbezug angekränkelt.

Auf den Berliniamsburg-Partys trugen die Leute jedoch ebenfalls Trucker-Mützen. In New York mag diese Kopfbedeckung als Referenz auf eine bestimmte weiße Unterschichtkultur der Siebziger und Achtziger funktioniert haben, auf Countrymusic und andere kulturelle Errungenschaften aus den Kindheitsjahren ihrer Träger. In Berlin bedeutete die gleiche Trucker-Mütze allerdings etwas ganz anderes.

Auch in Deutschland hatte es ja eine solche Aneignung verschiedener Vorstadt-Kulturen der näheren Vergangenheit gegeben, die Easy-Listening-Subkultur der Neunziger etwa, als DJs James-Last-Platten wiederentdeckten und sich eine Bar »Konrad Tönz« nannte, nach dem Schweizer Moderator, der regelmäßig in Eduard Zimmermanns *Aktenzeichen XY … ungelöst* zugeschaltet wurde. Das war im Grunde etwas ganz Ähnliches, eine ironisch gebrochene Inbesitznahme vormals als uncool geltender kleinbürgerlicher Herkunftscodes, denen man einen gewissen Wahnsinn unterstellte, um sich mit ihnen anfreunden zu können.

Das Konrad Tönz war in Kreuzberg. In Hamburg gab es die Szene rund um den Golden-Pudel-Club und die Boutiquen im Karo-Viertel, die ganz ähnlich funktionierten. Dort wurde der Anzug als popsubversives Kleidungsstück wiederentdeckt, er durfte allerdings nicht neu sein und nicht in einem wirklichen Büro als Business-Kleidungsstück getragen werden. Bis heute läuft eine ganze Szene in Hamburg so herum, mit der Boutique Herr von Eden ist aus diesem Stil ein ganzes Geschäftsmodell hervorgegangen, Herr von Eden schneidert historische Anzüge nach.

Aber das war ein westdeutsches Phänomen, mit Ausläufern in Westberlin. Ein Phänomen der Müdigkeit auch, des Durcharbeitens der Vergangenheit, ein Kleidungsstil, der von dem Gefühl lebte, am vorläufigen Ende einer langen subkulturellen Geschichte zu stehen, das dazugehörige Wissen war historisches Wissen. Den Hipstern in Mitte war dieses Gefühl fremd. Man war ja hier, um genau diesem Gefühl zu entgehen.

Es ist unmöglich, zu rekonstruieren, ob die Trucker-Mütze über Party-Fotos im Internet, durch New-York-Reisen einiger DJs und Party-Promoter in Berlin landete oder ob es die Besuche von New Yorker Hipster-Touristen in Berlin waren. So oder so: Die Trucker-Mütze kommunizierte in Berlin ziemlich genau das Gegenteil von dem, was sie in New York bedeutete. In Mitte stand sie für Internationalität, cooles Wissen über das, was man in New York gerade trug (und sei es auf Berliniamsburg-Partys), dafür, Teil eines globalen Netzwerks zu sein. Und als das eine Selbstverständlichkeit war, ungefähr zwei Jahre später, nahmen die Berliner Hipster ihre Trucker-Mützen wieder ab.

Der Tourist

Zwei Engländer stehen auf der Kastanienallee in Prenzlauer Berg, da, wo sich die Straßenbahnlinie teilt, vor dem Secondhand-Plattenladen, einige Meter neben dem Café, das einem bekannten DJ gehört. Es ist zehn Uhr abends, eine schöne Freitagnacht im Sommer 2011. Auf einmal tauchen mehrere Dutzend Touristen auf, Jungs und Mädchen, ein sogenannter Pub Crawl, die Führer haben Rucksäcke dabei, aus denen sie Wodka-Orange ausschenken. Die Gruppe macht mächtigen Krach, die Mädchen kreischen. »Schrecklich«, sagt der eine Engländer zum anderen, »diese Touristen.«

Der Tourist ist das Schreckbild und Gegenstück des Hipsters. Der Hipster: superindividualisiert, mit Zugang zu genauesten

Informationen darüber, welche Clubs, Bars und Klamottenläden gerade interessant sind. Er bewegt sich sicher durch das komplizierte Gefüge der umfassend kulturalisierten Stadt des 21. Jahrhunderts, weiß, welche Codes gelten, verhält sich dementsprechend.

Der Tourist hingegen taucht immer in der Gruppe auf, weiß sich meist nicht zu benehmen, ist falsch angezogen, kennt den Weg nicht, steht mit Stadtplan auf dem Bürgersteig herum, zieht einen Rollkoffer hinter sich her, kotzt nachts auf die Straße und muss sich um nichts kümmern, weil er ja nach dem Urlaub wieder zu Hause ist. Er hat wenig Ahnung von den Feinheiten der lokalen Codes, er fällt in die Stadt ein wie eine Landplage. Wo er auftaucht, ist es vorbei mit dem coolen, subkulturellen Leben.

Das Problem: Kommt ein Hipster in eine fremde Stadt, wird er meistens zum Touristen. Und kommt ein Tourist nach Berlin, ist die Wahrscheinlichkeit sehr hoch, dass er von sich selbst glaubt, ein Hipster zu sein. Warum sollte er sonst kommen? Er kommt wegen seines Interesses an Kulturphänomenen, er will in Clubs, Galerien, Cafés, Boutiquen, Bars, Plattenläden. Die Orte, an denen das coole Wissen umgeschlagen wird. Die Orte, an denen sich der Hipster zu Hause fühlt.

Hipness ist ja vor allem eine besondere Form des Wissens. Sie nimmt immer wieder neue Gestalt an, aber eines bleibt gleich: Sie handelt vom existenziellen Besserwissen, wie Diedrich Diederichsen es einmal sehr treffend genannt hat. Davon, seine eigenen kulturellen Präferenzen nicht nur intellektuell begründen, sondern sie lebensweltlich unterstreichen zu können. Der Hipster muss nie argumentieren. Die Behauptung reicht, sie ist das Argument. Das macht den Hipster aus, egal wo er sich vor dem Touristen versteckt.

In vordigitalen Zeiten war dieses Wissen gleichzeitig schwerer zu erlangen und leichter zu verteidigen als heute. Es fand sich in Magazinen, auf Plattencovern, in Büchern mit kleinen Auflagen – lauter Informationsträger, die man suchen musste. Es war esoterisches Wissen, Teil einer kulturellen Mangelwirtschaft. Gerade in Berlin, einer Stadt, wo seit den Sechzigern vor allem die Nischenkulturen florierten, die selbstgewählten

Parallelgesellschaften. Der Berliner Hipster war lange Zeit, mehr noch als in anderen Städten, ein Esoteriker, ein Geheimbündler, jemand, der ständig mit der Möglichkeit spielte, den Draht in die Mehrheitsgesellschaft zu kappen, der sich weigerte, überhaupt Signale in sie hineinzusenden oder ihre Nachrichten zu empfangen. Bis weit in die neunziger Jahre ist das so gewesen: Die Welt des Berliner Hipsters ist eine Welt des Eigenbrötlertums, der Flohmarktfunde, der Küchentisch-Debatte, der Unsichtbarkeit, der Verschlüsselung, der Fluchtlinie.

Zwei Fragen, mit denen sich die Hipster in anderen Städten ständig auseinandersetzen müssen, waren in Berlin lange Zeit relativ unwichtig: die nach dem Ausverkauf und die nach den anderen Hipstern. Ausverkauf gab es nicht, weil niemand kaufen wollte. Es gab keine Plattenfirmen, die Künstler mit einer großen Karriere hätten locken können, für die man nur ein bisschen eingängiger hätte werden müssen. Keine Fernsehsender, die Kleinkünstler zu großen Stars machten.

Und: Die Stadt war groß genug, dass man sich aus dem Weg gehen konnte, wenn man sich nicht mochte. Die ständige Auseinandersetzung, die die Subkulturen anderer Städte in Aufregung hielt, wo sich die verschiedenen Szenen in den ewig gleichen paar Kneipen über den Weg laufen, gab es in Berlin nie. Beides zusammen führte zu einer umfassenden Zersplitterung. Die wiederum alle als großes Glück empfanden.

Aber diese Zeiten sind vorbei. Im Kleinen wie im Großen. In der Stadt selbst gibt es mittlerweile Ansätze einer funktionierenden Kulturindustrie, große Unternehmen, die glauben, mit dem Berlin-Label könne man im Rest der Welt Kulturprodukte verkaufen. Vor allem aber hat die Digitalisierung das coole Wissen verändert. Hier herrscht nicht länger Mangel, die Welt der Kultur ist heute eine Welt des Überflusses. Es gibt kein Geheimwissen mehr. Alle Informationen sind irgendwo im Netz zu finden, kein Club ist so geheim, dass er sich nicht mit einer kleinen Google-Suche auftreiben lassen würde. Heute verschwindet kein Artikel aus einer Szene-Zeitschrift, wenn der Monat vorbei ist, und kein Look ist so speziell, dass man ihn nur auf einer bestimmten Straße sehen könnte. Ein Mode-Blog genügt. Kein Künstler ist so unbekannt, dass er nicht wenigstens einen Wikipedia-Eintrag hätte.

Es gibt Versuche, sich dagegen zu wehren, vor allem durch Güterverknappung. Underground-Labels bringen ihre Platten nur noch in abgezählten Editionen heraus, wenn sie weg sind, sind sie weg. Turnschuhfirmen bringen Sneaker in kleinen, limitierten Ausgaben heraus, die nur ganz kurz in Pop-up-Stores zu haben sind, die zu finden wiederum einiges Insiderwissen verlangt.

Trotzdem hat die Digitalisierung die Ordnung des hippen Wissens gründlich über den Haufen geschmissen. James Murphy, der Kopf der New Yorker Band LCD Soundsystem, hat diese Verschiebung in dem Song »Losing My Edge« treffend beschrieben. Er erzählt darin die Geschichte eines alternden Hipsters, der überall dabei war und nun panisch bemerkt, wie der Wert seines Wissens rapide abnimmt, weil ihm die jungen »Internet-Seeker« auf den Fersen sind, die noch mehr wissen als er. Tatsächlich dürfte sich die Existenzform des Hipsters schlicht überlebt haben. Sie war Teil einer gesellschaftlichen Ordnung, die langsam vergeht. Wenn jeder alles immer und überall wissen kann, dann ist der Hipster eben auch nur noch ein Tourist.

THOMAS MEINECKE/
ECKHARD SCHUMACHER

Geradeaus Wilhelmsburg

THOMAS MEINECKE: Gab es in Deinem Leben einen Moment, in dem Du Dich positiv zu dem Begriff Hipster bekennen oder Dich, quasi von außen, als Hipster begreifen konntest? Womöglich auch derogativ?

ECKHARD SCHUMACHER: Bekennen vielleicht nicht, aber begreifen schon, und komischerweise gerade von außen, aus einer Position, die für den Hipster eher nicht vorgesehen ist: Also nicht als Musiker, sondern als Booker Mitte der achtziger Jahre, als der Typ, der die Hipster einlädt, in einen sehr kleinen Club in eine sehr kleine Stadt, nach Ostwestfalen, ins Forum Enger, wo etwas passierte, das so in den üblichen Orten Berlin, Hamburg, Frankfurt, München dann doch eher nicht möglich war. Und, bisschen anderer Schauplatz, nicht als Fanzine-Schreiber, Blogger, Schriftsteller, sondern als Literaturwissenschaftler, der – wieder Mitte der Achtziger – vieles von dem, was ihm wichtig ist, darunter das Konzept Hipness, der Universität erst einmal lange vorenthält, die Grenze dicht macht, was im Fall von Hipness nicht so wahnsinnig schwer ist, und der selbst nach den Grenzöffnungen Mitte der neunziger Jahre an diesem Konzept festhält, wenn auch nicht unbedingt nach außen erkennbar. Das fand ich auch darüber hinaus immer interessant: Hipster da zu suchen und zu finden, wo sie eigentlich nicht vorgesehen sind. Das alles hat vermutlich viel mit der Popsozialisation in den frühen achtziger Jahren zu tun, die ja unter anderem deshalb so wichtig für die Hipster-Diskussion waren, implizit auch für die jetzt neu laufende, weil der Begriff selbst gar nicht so eine große Rolle spielte – oder hipstermäßig etwas kryptisch, ohne weitere Erläuterungen und natürlich gleichzeitig vollkommen selbstverständlich benutzt wurde.

THOMAS MEINECKE: Ich erinnere mich, wie stolz Bands aus

den USA und England damals waren, wenn sie von euch gebucht wurden. Auch wir kamen da ja öfter vorbei. Und ich hatte dort auch als Schriftsteller eine meiner ersten Lesungen. Das Forum Enger war einer der Plätze, an denen der landläufige Begriff von Provinz infrage gestellt werden musste: A hip place in the countryside. – Mir ist der Begriff des Hipsters, bin ja elf Jahre älter als Du, zum ersten Mal in einem Jeansladen in Hamburg begegnet, das muss um 1970 herum gewesen sein, ich mitten in der Pubertät und – logisch – auf der Suche nach der perfekten Denim-Passform. Ich glaubte, sie in einem Modell namens »Lee Hipster« gefunden zu haben, und führte diesen Namen auf den tief sitzenden Schnitt zurück: Diese Hose saß auf der Hüfte. Fünfzehn Jahre später lernte ich in London, in seinem Londoner Exil, einen Prototyp des Hipsterismus kennen: Slim Gaillard, den bereits Jack Kerouac in *On the Road* besungen hatte: ein hünenhafter Afroamerikaner mit jüdischem Blut in einem weißen Anzug und mit weißer Baskenmütze, der sich in seinen Songs in einer afroamerikanisch signifyin' Geheimsprache namens »Vout« äußerte und dem gerade die Szene aus dem Wag Club, der später ein hässliches Monster namens Acid Jazz aus sich entlassen würde, zu Füßen lag. Hier kam bereits alles zusammen: Minstrelsy (wenn nicht sogar Benjamins *Passagen-Werk*), Vaudeville, Burlesque, Broadway, Bebop, der ganze positive Wahnsinn der Resignifikation. Das ist mein persönlicher Hipster: Slim Gaillard, Gott hab ihn selig. Die Slacker-Typen der neunziger Jahre, die auch unter diesem Begriff liefen, bringe ich damit eigentlich gar nicht so zusammen. Aber sie haben sicher alle mal im Forum Enger gespielt.

ECKHARD SCHUMACHER: Was Du auflistest, verweist ja auf einen Punkt auf, der das Konzept des Hipsters so interessant macht: Offensichtlich lassen sich sehr unterschiedliche Dinge zu sehr unterschiedlichen Zeiten mit ihm verbinden, es kann ganz unterschiedlich gefüllt werden und, sehr wichtig, muss auch immer wieder neu gefüllt werden (falls man ein Konzept befüllen kann). Und dabei ergeben sich tolle Konstanten: Jeans, um 1970 von Lee, und um 1999, natürlich ganz anders geschnitten, von American Apparel. Anzüge, schwarz oder weiß, Zoot Suit und

Zoot Woman sozusagen. Schwarze Musik, weiße Hörer, aber auch umgekehrt, verbunden mit Konfusionen, falsch verstandenen Geheimsprachen und anderen wechselseitigen Missverständnissen, die zeigen, dass die Grenzziehung schwarz/weiß gerade nicht das trifft, was den Hipster ausmacht, 1950, 1980 und 2000, aber dennoch wichtig ist. (Oder spielt das in Williamsburg 1999 ff. nicht mehr so eine Rolle?) Und immer alles unter der Bedingung, dass Resignifikation, Zitate, Verweise am Anfang stehen, ohne dass das allerdings selbst explizit gemacht wird. Und noch eine Konstante: Von Beginn an ist eigentlich immer klar, dass die Sache schnell wieder vorbei sein wird, spätestens dann, wenn sie von anderen dem Hipster zugeschrieben wird. Das alles sind, für mich wenigstens, Konstanten seit spätestens den fünfziger Jahren, vermutlich kann man aber auch noch weiter zurückgehen. Von daher fand ich die Frage »What was the hipster?« zunächst etwas langweilig und irgendwie falsch gestellt. Liegt aber vielleicht auch daran, dass immerzu von irgendwem beklagt wird, dass irgendetwas zu Ende geht, nach Pop nun wieder einmal der Hipster. Aber was war der Hipster, der nun in die Vergangenheitsform gesetzt wird, jetzt eigentlich genau?

THOMAS MEINECKE: Mich interessiert eher der Hipster beziehungsweise die Hipsterin (darüber würde ich ebenfalls gerne reden), den beziehungsweise die wir in der Gegenwart fixieren können, wobei hier nicht von Zeitlosigkeit die Rede sein kann, also sagen wir lieber: im Gegenwärtigen. Womit wir wirklich bereits im Dandyisme des 19. Jahrhunderts einsetzen könnten, aber logisch auch bei André 3000 (Outkast) landen, der dieses Erbe, via Cab Calloways und August Darnells Zoot Suits, ins 21. Jahrhundert überführen und dort fortschreiben, in grandioser Sissification überschreiben und Hip-Hop als Queer Culture definieren konnte. Den Hipster für tot zu erklären ist genauso langweilig, wie alle paar Jahre (mit dem Einsturz der Twin Towers oder dem Tod Michael Jacksons) Pop per se ableben zu lassen. Da waren wir uns ja schon immer einig: Meistens dient dies der Rechtfertigung über Dreißigjähriger, spätestens Vierzigjähriger, sich vom lästigen, weil stets hochkomplexen Geschehen der Pop-Avantgarde zu verabschieden: seniles Gehabe, bürgerliches Feuilleton. »Wir gehen ja alle nicht mehr aus.« Finde ich gut, wie Du schreibst: Re- ist immer der Anfang! Das haben wir ja von den großen Dekonstruktivistinnen in den neunziger Jahren gelernt: Es gibt nichts Vordiskursives. Insofern: der Hipster als kontinuierlich Rekonstruierender, was interessanter klingt als das Berufen auf die kontinuierliche Revolution, wenngleich in dem Begriff ein retrospektiver (nicht zu verwechseln mit: konservativer) Unterton mitschwingt, doch ich behaupte mal: Ein Hipster sollte immer auch ein Schnösel sein. Wobei gerade die Generation, die sich vor gut zehn Jahren mit dem Begriff positiv identifizierte, durch die Niederungen politisch anständigen Handelns (ich sage jetzt extra nicht Political Correctness, weil mir an der prinzipiell viel liegt) in einem ästhetisch etwas aus der Form geratenen Abseits landete. Hippieske Verschlampung des strategisch klaren dandyistischen Denkens. Dagegen traten The Velvet Underground schon 1966 an. Warhols Factory war natürlich ein Hotbed des Hipsterismus. Arrogant, unverbindlich, glamourös. Eigentlich europide! Nico: Düsseldorf, St. Germain, St. Tropez. That's a long way to Williamsburg, Wicker Park, Stockton. Ich frage mich gerade, ob ich den Industriellen Gunter Sachs, als er barfuß mit Brigitte Bardot vor den Traualtar trat, als Hipster gelten lassen könnte. Oder Serge Gainsbourg, der ihm BB ausspannte. Beide dem Konzept des Playboys verschrieben, das es nun wirklich nicht mehr gibt, da seine historischen gesellschaftlichen Konstituenten flöten gegangen sind. Beide täuschten den Hipster zumindest formal an.

ECKHARD SCHUMACHER: Gäbe es eine Definition des Hipsters, wäre er vermutlich definitionsgemäß immer schon auf die Gegenwart fixiert, und er könnte wohl auch nur in der Gegenwart fixiert werden, was allerdings kaum geht, da die Sache ein Verständnis von Gegenwart, vielleicht auch Aktualität, impliziert, das Gegenwart und Aktualität als nicht fixierbar begreift. Altes Problem, immer wieder interessant. Und das nicht obwohl, sondern weil hier immer, manchmal versteckt, mit einem großen Stapel von Vergangenheitsverweisen operiert wird. Etwa in Form von Zitaten, die weder nur nostalgisch auf eine

Vergangenheit verweisen noch sich darauf beschränken, Vergangenes aktualisierend zu vergegenwärtigen, sondern im Modus des Resignifizierens die Zeitachsen durcheinanderbringen, Aktualität behaupten, wo gar keine ist oder war, zum Beispiel durch Referenzen, die weniger die Funktion haben, Traditionslinien herzustellen, sondern darauf abzielen, das Modell Tradition/Fortschritt/Entwicklung infrage zu stellen, um zugleich durch historische Verweise Verbindlichkeit herzustellen, Grenzen zu ziehen, auch: sich abzugrenzen, Exklusivität herzustellen. Wenn Du das mit »immer auch ein Schnösel« meinst, bin ich dabei: Der Hipster ist vielleicht höflich, freundlich, gut gelaunt, aber er ist, und das sozusagen strukturell, nicht nett. Nicht zu denen, die gar nicht begreifen oder auch nur sehen, was er macht; aber eben auch nicht zu denen, die denken, sie seien im Prinzip dabei und hätten verstanden. Vielleicht kriege ich deshalb Gunter Sachs hier nicht so richtig in die Reihe, eher schon Serge Gainsbourg, obwohl am Ende vermutlich beide passen, weil sie den Hipster eben nur antäuschen und zugleich, unter der Hand, auch noch das Konzept des Playboys auf merkwürdige Weise von innen aushöhlen. In diesen Fällen bilde ich mir allerdings ein, dass das, genau genommen, erst rückblickend so gesehen werden kann, zumal, wenn man nicht dabei war, nicht dabei sein durfte oder, beispielsweise aus biografischen Gründen, konnte. Was nochmals die Frage aufwerfen könnte, ob man den Hipster überhaupt in der Gegenwart fixieren kann. Aber noch ein anderer Punkt irritiert und interessiert mich in diesem Zusammenhang: Dein Stichwort »Pop-Avantgarde« (die die spätestens Vierzigjährigen nicht mehr mitkriegen) leuchtet mir als Vergleich ein, es wirft aber die Frage auf, warum »Avantgarde« in diesem Zusammenhang, und eben auch in Sachen Hipster, als Vergleich irgendwie schief aussieht, kein Begriff ist, den man ohne Weiteres im Lexikon des Hipsters finden würde. Ich käme eher nicht auf die Idee, Hipster als Avantgardisten zu beschreiben, das geht, für mich zumindest, nicht zusammen, sondern tatsächlich eher – ohne das jetzt auf den Punkt bringen zu können – auseinander. Oder?

THOMAS MEINECKE: Ich habe auch kurz geschluckt, bevor

ich Avantgarde tippte, weil Pop eigentlich keine solche braucht (respektive hat). Nichtsdestotrotz drehte schon Jack Smith in seinen armseligen, wie aus Baudelaires Pariser Prosagedichten geleierten Wohnungen auf der Lower East Side so etwas wie »Factory-Filme«. Warhol war dann bereits Minimalist, ein Reduzierender des Theatre of the Ridiculous, aber er holte sich von dort Ronald Tavel und auch Mario Montez in sein Atelier. So etwas wie die in sozialer Armut voguende Ballroom Community als Avantgarde zu beschreiben wäre falsch, aber dennoch ist sie eine (vielleicht nicht nach vorn gestreckte, sondern in die Luft gereckte) Speerspitze jenes Spezial- oder Geheimwissens (auch: *unrecognized knowledge*), das Pop und mit ihm den Hipster als ein Ding definiert, das nicht zunächst in Worte gefasst und dann umgesetzt, sondern, der *couture* gleich, performativ in Szene gesetzt wird, rituell, kollektiv, ohne die großen autonomen Subjekte, die hier allenfalls zusammenfassen dürfen (wie Antony Hegarty oder Lady Gaga, die ihren Jack Smith, um bei dem mal zu bleiben, studiert haben), was die anderen »gediggt« haben, wie es (abermals afroamerikanisch) im Jazz heißt. Die artifizielle »Realness«, welche die sexuell andersdenkende Szene der Disco-Welt umzusetzen imstande war, hat doch auch politisch um einiges mehr bewegt als die nach wie vor authentizistischen Restmengen klassischer Rock-Mythen verpflichtete Welt des Indie-Nerds, als den wir, laut *n+1*, den Hipster verstehen und gutenachtküssen sollen.

ECKHARD SCHUMACHER: Völlig einverstanden, aber mit dem leichten Verdacht, dass Jack Smith und Disco als Bezugspunkte mittlerweile fast zu glatt aufgehen und immer häufiger nicht im Modus des Hipsters herbeizitiert werden, sondern als leicht abrufbares, gut kanonisiertes Vorbild, bei dem man in der zitierenden Wiederholung manchmal vergisst, dass man das performative In-Szene-Setzen, von dem Du sprichst, nicht nur kennen und benennen können muss, sondern vor allem selbst auch performativ in Szene setzen können sollte, was durch die dann anfallenden Verschiebungen im besten Fall dazu führt, dass man letztlich etwas ganz anderes macht. Bei den großen Zusammenfassern, ein toller gemeinsamer Nenner von Antony Hegarty und Lady Gaga, geschieht genau das, und dafür scheint mir wichtig zu sein, dass sie ihren Jack Smith studiert haben, ihn aber nicht, zumindest nicht allzu aufdringlich, raushängen lassen. Und das führt dann auf nicht ganz einfachen Wegen dazu, dass man bereit ist, dieser hochartifiziellen, häufig auch hochglamourösen und zugleich hochfragilen Konstruktion Authentizität zuzuschreiben. Das ist eine andere Authentizität als die, die Du in den »authentizistischen Restmengen klassischer Rock-Mythen« findest, vielleicht heißt sie nur ähnlich, siehe Realness, aber in jedem Fall scheint mir das ein extrem wichtiger Punkt zu sein. Man kann ihn vielleicht auch Soul nennen. Ohne geht es irgendwie nicht, als Hipster. Antony Hegarty macht es einem in dieser Hinsicht einfach, klar: Soul, aber auch Lady Gaga trifft diesen Punkt – der eben nur auf der Basis von gleichzeitiger und sozusagen grundlegender Artifizialität zu erkennen ist – ziemlich genau. Was man wiederum, siehe performative Resignifizierung, ganz schön durch diese Coverversion von »Born this Way« von Maria Aragon gespiegelt bekommen kann, was zudem die Hipster-Debatte in eine Youtube-Mainstream-Debatte verlängern könnte. Der Indie-Nerd ist da ja auch ziemlich aktiv, aber vermutlich nicht deshalb als Hipster-Modell nur bedingt brauchbar. War das in den achtziger und frühen neunziger Jahren eigentlich anders? Oder sieht es, rückblickend, dort nur von heute aus anders aus? Ein paar Lieblingshipster aus dieser Zeit, Daniel Treacy als Teil der Television Personalities, Stephen Pastel als Teil der Pastels, Jarvis Cocker als Teil von Pulp, wären für mich Indie-Nerds, zugleich großartige Hipster-Typen, die – völlig unabhängig davon, was sie heute machen – in der Erinnerung immer noch extrem aufregend und, würde man das Wort verwenden wollen, immer noch irrsinnig hip sind (und interessanterweise auch immer noch irrsinnig jung klingen), während Pavement, so toll sie waren, locker mitgealtert sind (und den Gutenachtkuss womöglich gar nicht mehr brauchen).

THOMAS MEINECKE: Müssen wir den Hipster also nicht in erster Linie als Darsteller begreifen? Brigitte Bardot, missmutig unter den Regieanweisungen Godards agierend (und nach Drehschluss bereits jenen rechten Mist absondernd, der sie später in die Lager der Tierschützer und Faschisten treiben würde), ist doch am Set, auf der Leinwand, zur Mitte der sechziger Jahre ein »hip chick«, oder? Und das damalige Bild von Gunter Sachs, dem erfolgreichen Erben eines Nazi-Rüstungsbetriebs, hat doch tatsächlich was Jarvis-Cocker-haftes (von dem er weniger wusste als Cocker umgekehrt von Sachs). Leni Riefenstahl als denkbare Trauzeugin der beiden hätte sicher auch eine gute Figur gemacht und etwas Schickes angehabt. (Schwierig.) Der Hipster als Idee lebt, aber seine Repräsentanten können altern, vergessen, Scheiße reden, elendig verrecken. Womit ich zum Komplex »Trash« komme. Von Brigitte Bardot in *Die Verachtung* zu Tura Satana und wie sie alle heißen in Russ Meyers *Faster Pussycat, Kill ... Kill!*. Von Norman Mailers noch transgressiver Vorstellung des Hipsters als »White Negro« zu den tätowierten Williamsburg-Hipstern der Neunziger mit ihren Trucker-Käppis und prolligen Unterhemden, denen der rassistische White Trash (nicht zuletzt ihrer Elternhäuser) als ästhetisches Vorbild diente: vermeintlich ironisch (de facto nostalgisch). Das Berufen auf afroamerikanische Errungenschaften dagegen war ja in und an sich gebrochen und gespiegelt (signifyin') genug. (Das zieht sich auf afroamerikanischer Seite auch in jüngerer Vergangenheit von Prince über Green Velvet bis zu Seth Troxler durch.) Interessanterweise haben die meisten kaukasischen Slacker es nicht vermocht, die zitierten maskulinen Signale ironisch zu brechen, während die heutigen Hipster of Queerness (und logisch schwimmen wir mit diesen im durch Youtube, juvenile Modeblogger und ihre elektrifizierten sozialen Netzwerke befeuerten Mainstream) es immerhin geschafft haben, dass ich im Jahr 2011 Vollbärte als unmännlich erkennen kann. Von daher, um mit Andreas Neumeister zu sprechen: »in dubio pro Disco«.

ECKHARD SCHUMACHER: Ja, unbedingt und immer wieder: »in dubio pro Disco«. Der Verdacht war nur, dass gerade gar kein dubio existiert und mehr oder weniger alles pro ist. Was natürlich in der Sache nichts ändert, aber es geht ja eben nicht nur um die Sache, sondern auch um deren Darstellung (oder Darsteller) und darum, wie man sich gerade im Moment zur Sache verhält. Sehr viel hängt dann eben daran, dass man nicht bei dem einen Dreh stehen bleibt, Unterhemd, Vollbart, Ironie, Nostalgie, und es sich dann sozusagen im White Trash gemütlich macht, sondern in der Lage ist, im Zweifelsfall (oder auch schon eher) weiterzudrehen, weiter zu resignifizieren, gegebenenfalls ohne Rücksicht auf den letzten Stand der Dinge. Also das zu machen, was bei Prince und Green Velvet – Stichwort signifyin' – irgendwie selbstverständlicher, leichter und unaufdringlicher passiert als zuletzt in Williamsburg, auf der Kastanienallee oder, bisschen anders vielleicht, bei Leni Riefenstahl. Und die beiden – Prince und Green Velvet – sind ja auch, wie wiederum ganz anders Brigitte Bardot und vermutlich auch Gunter Sachs, tolle Beispiele dafür, dass der Mainstream nicht notwendig das Ende von Hipness bedeutet, sondern dass es im Gegenteil gerade dann und manchmal auch erst dann aufregend wird, wenn man auch da mitschwimmt, eintaucht, rein- und rausspringt, meinetwegen auch selbst Kanäle baut. Die »Sell-Out«-Feststeller, die auch die Geschichte des Hipsters von Anfang an mitschreiben, waren ja immer schon ähnlich langweilig wie die, die bevorzugt das »Ende von« entdecken oder herbeischreiben (wenn es nicht eh die gleichen Typen sind). Aber verstehe ich Dich richtig, dass Deine Vergleichsreihen letztlich immer wieder an den Punkt kommen, den Hipster an »afroamerikanische Errungenschaften« zu koppeln? Total interessant jedenfalls, wie sich dazu (oder daneben) die Versatilität von Queerness verhält. Und was passiert, wenn man diese ganze Konstellation in die Zugehörigkeitsstreitigkeiten übersetzt, die das Konzept Camp spätestens seit den sechziger Jahren immer mal wieder freisetzt. Wäre ein möglicher gemeinsamer Gegenbegriff von Hipness und Camp bei allen Differenzen dann am Ende doch einfach: straight?

THOMAS MEINECKE: How do you mean that: straight? – Was mir an unserer kurzweiligen Korrespondenz auf- und gefällt, ist, dass wir einen sehr viel emphatischeren Begriff von Hipness haben als die Mädels und Jungs von *n+1*. Wir führen hier eigentlich anhand eines (von denen auch noch totgesagten) Typus all die Tugenden an, die wir im Umgang mit Pop schlechthin lieben! Da finden dann plötzlich hehre Kulturtechniken wie (High) Camp, die wir von der schwulen Fraktion erlernt haben,

Platz oder Signifyin', das ich zunächst bei Diedrich Diederichsen, dann erst bei Henry Louis Gates jr. las, obwohl ich schon längst die Lyrics von Johnny Otis' »Signifyin' Monkey« mitsingen konnte: Otis, Sohn griechischer Einwanderer in L.A., der »schwarz wurde«, weil ein afroamerikanisches Getto unvermittelt den Laden seiner Eltern umspülte, und der den Jive seiner halbstarken Freunde annahm und mit einer von ihnen seinen ebenso begabten Sohn Shuggie Otis in diese Welt setzte, dessen deepe *Inspiration Information*-LP auf jeder zweiten guten Party läuft. Hierin liegen ja auch die tollen Herausforderungen der sich ständig rekontextualisierenden US-Großstädte. Zu denen – was wir hier ebenfalls kennen – logisch die stets ambivalente Gentrifizierung gehört, deren Vorhut die Hipster, zu denen ich auch aufstrebende Künstler rechnen möchte (und nicht nur das unmittelbar folgende kreative Proletariat), gewiss abgeben. Neulich im Prenzlauer Berg in ein Taxi gestiegen, wo ich in einem Haus bei einem Freund aus der Musikindustrie übernachtete, in dem die Taxifahrerin zu DDR-Zeiten gewohnt hatte. Unterwürfig fragte sie, die heute in einem Plattenbau an der Peripherie lebt, mich nach den aktuellen Bewohnern aus. (Das hatte etwas von einem Märchen. »Wem gehören denn all diese Ländereien?«) Schon im alten Westberlin für mich schwer auszuhalten: die gleichgeschaltete Gemütlichkeit (damals vor allem Kreuzbergs). Das können Hipster, die sich, wie Du sagst, nicht mehr drehen und wenden, ja auch erreichen: die geschlossene Anstalt, in der man Thrill-Jockey-Platten hört und Pitchfork liest und im Stehen einschläft. Brooklyns Greenpoint hat auch so etwas Dörfliches, aber man lebt dort immerhin unter wasserstoffblondierten Polinnen (was es in Polen wahrscheinlich gar nicht mehr gibt). Und stößt nach einer Viertelstunde Fußmarsch in ein osteuropäisches Schtetl, an dessen Rand die Wolf+Lamb-Leute hippe House Partys unter 100 bpm abfeiern. (Wo die Boheme dann auch schnell bourgeois wird.) Früher haben Bekannte von mir, die dort lebten, damit geprahlt, dass jede Woche ein Toter im Treppenhaus liegt. (Der Zynismus der in und von den achtziger Jahren geprägten Hipster-Generation.) Heute beschweren sie sich darüber, dass seit Giuliani rote

Fußgängerampeln respektiert werden. Meine hippen Berliner Freunde sagen neuerdings: »Wir gehen nicht mehr aus. Überall nur noch Touristen.« Auch interessant. Vor ein paar Jahren sind sie selber noch mit dem Stadtplan in der Hand, an den Fassaden der Häuser hochblickend, durch die Straßen gelaufen. Toll auch neulich wieder die flanierenden Studierenden auf der Kastanienallee, von ihren angereisten Eltern flankiert, Vater in Cargo-Hose, Mutter neue Sonnenbrille und so einen ledernen Miniatur-Rucksack auf dem Rücken. Und die überall lauernden Fotografen, um die Seiten der Magazine mit Do-it-yourself-Street-Fashion zu füllen. Ich finde ja, in Hamburg zum Beispiel, um von Münchens royalistischem Understatement-Chic mal zu schweigen, hat sich ein hippes Stilbewusstsein eher gehalten als im lotterigen, schon in den Achtzigern einer Art Flohmarkt-Ästhetik verschriebenen Berlin. Zumindest die Männer sind dort auffallend gut angezogen. Du siehst Kunststudenten, die mit Ebenholz-Spazierstöcken umherwandeln, mit goldenem Knauf dran, wie Edgar Poe. Der Herr-von-Eden-Laden: logisch in Hamburg beheimatet (wie das Kompakt-Imperium logisch in Köln, wo die Leute ja tatsächlich klubbig gefärbt durch die Straßen laufen). Hamburgs up-and-coming Williamsburg heißt übrigens Wilhelmsburg. Ich lege dort in drei Wochen Platten auf.

ECKHARD SCHUMACHER: Wilhelmsburg klingt gut, ein bisschen, zumindest auf dem Papier, wie die straighte Variante von Williamsburg. Wobei mein Eindruck eben war, dass Du auch Williamsburg als tendenziell straight einordnest, wenn man denn »straight« als möglichen Sammelgegenbegriff zu afroamerikanischem Signifyin' wie auch zu Queerness ausprobieren will, die Du ja beide nebeneinanderstellst und auch ineinander übergehen lässt. Meine Rechnung geht aber vermutlich nicht so richtig gerade auf. Darauf gekommen bin ich über ein paar vielleicht schiefe Analogien, zu denen man über den Camp-Begriff kommen kann, der hier bei uns schon länger mit reinfunkt. In Sachen Camp gibt es ja einen ziemlich langen und immer noch nicht geklärten Streit darüber, inwiefern Camp klar als gay markierte Kulturtechnik oder Attitude zu verstehen und bei der Unterscheidung von gay vs. straight entsprechend klar zu verorten sei. Daraus kann dann ein ganz interessanter, aber auch merkwürdiger, weil nicht nur strategischer Essenzialismus werden, der Camp sozusagen naturgemäß als gay begreift und entsprechend alle straighten Adaptionen, Adoptionen, als falsch qualifiziert. Von da aus ergeben sich wenigstens zwei Querverbindungen (oder: *queer connections*, wie es vor ein paar Jahren in einem auf Englisch zu verfassenden Exzellenzantrag einer deutschen Universität hieß) zur Hipness-Diskussion, die ich ganz interessant finde: Einerseits gibt es, ausgehend von Bebop, aber weit darüber hinausgehend, eine Debatte darüber, inwiefern es überhaupt etwas wie White Hipness geben kann; andererseits hatte ich aus einem Aufsatz von Andrew Ross aus den späten achtziger Jahren noch im Kopf, dass er in einer Art Genealogie des Hipness-Begriffs klarmacht, dass spätestens seit Bebop die Unterscheidung hip vs. straight immer wieder aufs Neue durchdekliniert wird. Das kriege ich aber gerade nicht mehr auf die Reihe, weil ich dauernd an die Modern Lovers und deren »I'm straight« denken muss, in dem eine Art Hipster-Typ mit dem Hinweis »I'm straight« ein anderes Gegenteil vom Hipster wegfegen will, den Hippie. Was mich im Moment aber eigentlich noch mehr interessiert, ist die Frage, wer eigentlich wen als Hipster begreift oder beschreibt. Kann man sich selbst als Hipster beschreiben? (Hast Du das jemals getan?) Es gibt ja diese oft beschriebenen Quasigesetze, dass die, die gerne Hipster wären, sehr wahrscheinlich keine sind und noch wahrscheinlicher niemals welche werden und dass die, die es dann eben doch sind, selbstverständlich nicht, zumindest nicht in der Öffentlichkeit, darüber reden, dass sie Hipster sind. Die Zuschreibung überlässt man lieber anderen. Was einen aber zu der Frage bringen kann, ob ein Hipster überhaupt wissen muss, dass er, in den Augen anderer oder auch in den eigenen, ein Hipster ist.

THOMAS MEINECKE: Tatsächlich ist ja Williamsburg nicht besonders queer kodiert, aber so ein bisschen ozeanisch an- und aufgeweicht kommt mir die Heteronormiertheit dort schon vor. Wie es eben überhaupt Mainstream in Bohemia geworden ist, wahrscheinlich weltweit (nachdem man ja lange genug Gefallen daran gefunden hatte, sich als Urban Guerilla zu gerieren, nicht zuletzt in den Camps der umherschweifenden Globalisierungsgegner). Williamsburg ist deshalb interessant, weil es eine Gürtellinie besitzt, eine Demarkationslinie, unterhalb deren eine relativ geschlossene religiöse Subkultur namens Satmarer Chassidim existiert, die mit allen umliegenden Vierteln nicht gerade freundschaftlich verkehrt. Durchfahrende Propagandafahrzeuge der weniger strengen Lubawitscher Chassidim aus Crown Heights (Bar Mitzwa Tanks) werden mit Steinen beworfen und die ebenfalls durchkreuzenden, leichtbekleideten Radfahrer aus dem nördlichen Williamsburg als Provokation begriffen. Seit ich zum ersten Mal von diesem Satmarer Schtetl erfuhr, zieht es mich magisch an, kein New-York-Aufenthalt, an dem ich mich nicht mindestens einen Tag dort herumtreibe (was sich auch in *Hellblau* ganz zentral niederschlug). Ich kann die blassen, durchgeistigten Männer der Lee und Bedford Avenue sogar als Hipster-Verwandte auffassen: im positiv gewandten antisemitischen Stereotyp als unmännlich, belesen und sanft. Das ist natürlich eine Projektion, aber weniger diametral dialektisch als diejenige, sich als Bohemien des prolligen Trucker-Käppchens der Nichtleser zu bedienen. Ich habe mir keine Schläfenlocken wachsen lassen, aber ich habe mir in der Lee Avenue, bei einem Optiker, dessen enger Laden außer von mir nur von den Frommsten der Frommen frequentiert wurde, meine erste Lesebrille (Mitte der nuller Jahre, als ich altersweitsichtig zu werden begann) gekauft: Die führten dort die denkbar hipsten Brillengestelle. (Was mich logisch in leichten Erklärungsnotstand brachte. Zumal in dem Laden durch die Bank Jiddisch geredet wurde.) Generell gebe ich Dir in Deiner Einschätzung von Camp recht: Wenn diese Kulturtechnik allein der Gay Community zugebilligt wird, die sie entlang straighten Irrsinns, den sie revolutionär resignifizierte, entwickelte, zugebilligt wird, beißt sie sich, 'Tschuldigung, in den eigenen Schwanz, wird essenzialistisch. Ich habe ja gerade von dieser Fraktion gelernt, meine Heteronormativität als genauso konstruiert wie ihr sogenanntes abweichendes Sexualverhalten zu begreifen. Sexuell anders denken lernen: Das hat mir Camp beigebracht. Darum bin ich ja auch ein Faghag, besser: eine Faghag (weil diese Rolle für

Männer, da haben wir wieder das Problem, eben gar nicht vorgesehen ist). Das ist genau wie die alte afroamerikanische Beale Street in Memphis, bei deren (jüdischen) Schneidern sich Elvis seine Klamotten besorgte. Die Marginalisierten mit ihren notgedrungen coolen Codes werden Hipster stets als Eindringlinge empfinden. Aber nach Bebop gab es auch *The Birth of the Cool*, eine relativ weiße Angelegenheit, unter Federführung eines schwarzen Hipsters namens Miles Davis.

ECKHARD SCHUMACHER: Die Hipster-Verwandtschaft im Satmarer Schtetl würde ich sofort bestätigen, zumal man da ja praktisch schon die Möglichkeiten für wie auch immer verfremdende Adaptionen, Übernahmen und Resignifikationen sieht, für die dann ein paar Blocks weiter Williamsburg der perfekte Ort wäre (oder hätte gewesen sein können). Auch dass es sich um Projektionen handelt, würde ich sofort bestätigen. Denn darum geht es doch beim Hipster immer, unabhängig davon, ob man unfreiwillig oder ohne davon zu wissen zum Objekt für Projektionen anderer wird oder ob man sich, stylish oder gerade nicht, bewusst als Projektionsfläche anbietet (und dabei selbst permanent projiziert). Was mich noch mal zu der Frage bringt, wer eigentlich wen als Hipster beschreibt, beschreiben kann. Und noch zu einer weiteren Frage: Wie unterscheiden sich eigentlich die Hipster, die wir hier andauernd mit Namen benennen, weil sie als Musiker, Künstler, Schauspieler benennbar sind, von den Hipstern, von denen man meist nicht viel weiß und die man nur aufgrund ihres Auftretens, Styles, der sichtbaren Attitude als Hipster begreift, wobei man meist nicht ganze Gruppen meint, sondern einzelne Typen, die irgendwie rausfallen. Denn das kenne ich zumindest als Konstante in meiner Verwendung des Hipster-Begriffs: ein ziemlich mobiles Konzept, das man in ganz unterschiedlichen Kontexten (und eben nicht nur in Hamburg, Berlin, Brooklyn) auf ganz unterschiedliche Typen bezieht, Männer und Frauen, und manchmal ist gerade wichtig, dass man gar nicht weiß, um wen es sich handelt, was die sonst so machen, wenn man gerade nicht dabeisteht und projiziert.

THOMAS MEINECKE: Ich würde sagen, es sind Hipster, die

andere Hipster beschreiben, ohne unbedingt selbst als Hipster angeredet werden zu wollen. Das Ganze ist ja ein flüchtiges, sich in seinen Topoi und Vokabeln rasch immer wieder verflüchtigendes System. Ich erinnere mich an Kraftwerks Song »Neonlicht«, den wir natürlich in den späten siebziger Jahren als Anti-Hippie-Geste sehr begrüßten. Ich betrieb damals mit Freunden in München die der Linie Velvet Underground/Roxy Music/Kraftwerk ergebene Zeitschrift *Mode & Verzweiflung*. Als dann aber um 1980 Richard L. Wagner sein Buch *Neonschatten* herausbrachte, diskreditierte er sich vor uns damit bereits total. Keiner von uns hätte die Silbe »Neon« mehr in den Mund genommen. (Interessanterweise siedelte Gruner & Jahr aber seinen Jugend-*Stern* namens *Neon* später in München an.) Seltsam auch, wie *n+1* die Ära des Hipsters von 1999 bis 2003 anlegt. Das kann ich mir nur aus deren Biografien ableiten. All die genannten Attitudes kannte ich in den USA bereits seit den frühesten neunziger Jahren: Pabst Blue Ribbon haben wir dort in der Ära des »Neo Folk« getrunken. Klar sind nicht nur sogenannte große einzelne (Vincent Gallo) Hipster, sondern auch namenlose *dedicated followers of fashion*. Ziemliches Jungs-Ding, dennoch. Was können wir über weibliche Hipsters erzählen, Ecki? Edie Sedgwick fällt mir ein. Die Riot Grrrls waren sicher welche, das ließe sich bis heute (etwa zu der Band namens Men) weiterverfolgen.

ECKHARD SCHUMACHER: Mir fallen, abgesehen von denen, von denen man nichts weiß, zumindest nicht die Namen, komischerweise zunächst Schlagzeugerinnen ein, die womöglich gar nicht so recht in die gängigen Hipster-Kategorien passen: Moe Tucker, Lindy Morrison, Meg White. Dann vielleicht, ohne Schlagzeug: Hope Sandoval, Ende der Achtziger, ich glaube mit ihrer damaligen Band Opal, in dem Moment, in dem sie im Backstage-Raum vom Forum Enger, über das wir ja schon gesprochen haben, einen zugegeben außergewöhnlich großartigen orange-pink-braun getigerten, kunstsamtbezogenen und auch etwas schäbigen Cocktailsessel entdeckt, kurz mitteilt, der wäre für sie gemacht, sich hineinsetzt und ohne jedes weitere Wort gefühlt drei Stunden dort in einer umwerfend coolen, aber überhaupt nicht spektakulären Art sitzen bleibt, während der Rest der Band Soundcheck macht, um sie herum isst, redet, trinkt, schließlich auf die Bühne geht und anfängt zu spielen, zunächst dann eben ohne sie, da sie noch ein bisschen weiter sitzen bleiben möchte. Dann, auch ohne Schlagzeug: die frühe Kelis. Fast hätte ich noch dazugeschrieben, noch mal ganz anderer Kontext und nur aus der Distanz beobachtet, wie sie sich so im Kunstköln der Neunziger gezeigt hat: Cosima von Bonin. Auch hier sind es, wie bei fast allen anderen, zuerst bestimmte Gesten, die mir einfallen, eine bestimmte Art, sich an einen Tisch zu setzen, aufs Schlagzeug zu hauen, bestimmte Dinge nicht zu machen, die andere in der gleichen Situation machen würden. Also auch hier ganz entscheidend, dass das, was die Projektion Hipster ausmacht, flüchtig ist, irgendwie fragil, und gerade dadurch vollkommen selbstverständlich und klar. Das hat dann vielleicht gar nichts mehr mit den – *female* oder *male* – Hipstern zu tun, die via Williamsburg oder Prenzlauer Berg als Quasi-Rolemodels von den Zeitungen und Blogs entdeckt werden (und tollerweise trotzdem auf den gleichen Namen hören). Was mich noch einmal zu Richard L. Wagner bringt: Hat der nicht Anfang der achtziger Jahre so einen »Die Wahrheit über München«-Artikel in *Sounds* veröffentlicht und dabei neben diversem ganz interessanten Klatsch über die von ihm so genannten »Pillenbibis« geschrieben? Keine Ahnung, ob es die wirklich gab, das weißt Du besser, ich erinnere mich vor allem an ein Foto, das so vermutlich nur in München geknipst werden konnte (so wie eine Zeitschrift wie *Elaste* vermutlich auch nur in München geschrieben werden konnte). Fand ich damals interessant, weil auch im Artikel auf tolle Weise vollkommen unklar blieb, ob diese Pillenbibis im Prinzip Hipster waren oder das komplette Gegenteil. Auch sonst bleibt diese Grenze ja häufig eine, die man ziemlich leicht überschreiten kann, zumindest in einer Richtung, ob man will oder nicht.

THOMAS MEINECKE: Mir fallen natürlich gleich Bassistinnen ein (genau wie die Schlagzeugerinnen liegen sie quer zum ihnen zugedachten heimeligen Girlie Piano): Tina Weymouth, Michaela Melián (mit der ich dann ja sogar vor den Traualtar treten durfte). Hope Sandoval, die ich mal in meiner Radiosendung zu Gast hatte, in der sie sich ähnlich laid-back verhielt wie in Eurem Schalensessel (was im Hörfunk nachteilhaft war), finde ich als Hipster weniger überzeugend als Chan Marshall (Cat Power), die mir die beiden Male, an denen wir uns sahen, als Paradebeispiel (weiblich kodierter) idiosynkratischer Sprunghaftigkeit entgegentrat. Ein Tomboy, der in die Haute Couture entführt werden würde. Aber bevor wir hier (wir haben dafür ja nur die kontaminierte Männersprache zur Verfügung) ins öffentliche Schwärmen über Frauen verfallen, halten wir doch einfach fest: Großartige Zeiten, in denen wir leben, unter Frauen, die Bands namens Men gründen, und selbst erklärten Sluts in differance (mit a, nach Derrida). Ach ja, Pillenbibis, die gab's wirklich. Galten als Münchner Spezialerscheinung (und war es nicht der Klatsch-als-Waffe-Journalist Kid P, der sie in der Zeitschrift *Sounds* auf seine Art verherrlichte?). Aber das war einige Jahre vor Aids.

JENS-CHRISTIAN RABE

Gegenwärtigkeit als Phantasma Über den Hass auf den Hipster

I.

Im Sommer 2010 schrieb ich für das Feuilleton der *Süddeutschen Zeitung* einen Artikel über den Hipster als typische Sozialfigur der Gegenwart. Die erste heftige Reaktion war die SMS eines Musikers, DJs und Produzenten, dessen Tracks, Leben und Label für viele, die sich in der avancierteren Popkultur auskennen, Inbegriff dessen sind, was es heißt, »vorn« zu sein. Seit einiger Zeit lebt er, wenn er nicht gerade durch die ganze Welt fliegt, nicht mehr an dem Ort, an dem sein Label beheimatet ist, sondern in einer großen, dreckigen südfranzösischen Hafenstadt. Dieser weit gereiste, kluge, originelle Mann mit deutschem Pass und italienischen Wurzeln schrieb:

> Kleiner Kommentar: Der Hipster, den Du beschreibst, das ist der bourgeoise Vorortopportunist mit einjähriger Mitte-/Williamsburg-Auszeit. Also die Hassfigur schlechthin. Thelonious Monk, James Murphy, Alejandro Jodorowsky, Miles Davis, Zappa, Picasso, Basquiat, Malcolm McLaren und all die anderen waren aber Anarchos, Outsider, die von Mittehipsterdeppen nicht verstanden und gehasst worden wären. Klar. Also die »Hipster« von heute sind eben nicht in Mitte. Da sind nur die Opfer von Häberlein & Mauerer. Aber darauf lief es hinaus, oder? Fuck Hipness.

Fuck Hipness. Das amerikanische Intellektuellen-Magazin *The Atlantic* schaffte es im Sommer 2011, in dem dieser Text entstand, sogar, in einer Rezension über den Film *Captain America*, der während des Zweiten Weltkriegs spielt, über den Hipster herzuziehen. Captain Americas Alter Ego ist Steve Rogers, ein Student aus Brooklyn, »einem Viertel«, so *The Atlantic*, »das sich gerade auf eine Invasion der Nazis vorbereitet, obwohl es sich wahrscheinlich eher Sorgen wegen der kommenden Hipster-Invasion machen sollte«.

Zur selben Zeit schrieb die Schweizer Lifestyle-Zeitschrift *Annabelle* in ihrer »Retro-Ausgabe«: »Die ersten Hipster tauchten um 1950 in den USA auf und waren Teil einer urbanen Subkultur – mit Betonung auf Kultur. Von dieser Haltung ist nicht mehr viel übrig: Ein paar Insignien und schon ist man heute hip. Aber es gibt sie noch, die echten Hippen.«

Opfer einer mächtigen Event-Werbeagentur, irrer Invasor, oberflächlicher Kulturbanause – man muss nicht besonders wachsam sein, um den Hipster im Personal der Gegenwart als den geprügelten Hund schlechthin zu erkennen. Es sieht so aus, als ob jeder mal den Knüppel schwingen dürfe. Die, die ihn hassen, obwohl sie von ihm leben, weil ihre Konzerte sonst menschenleer wären. Die, die sich für tausendmal klüger halten und keine Gelegenheit auslassen können, genau das zu erwähnen. Und natürlich die, die immer schon wussten, dass früher alles besser war, weil sie es auf diese Weise bequem vermeiden können, einen eigenen Gedanken zur Gegenwart fassen zu müssen, der vielleicht falsch sein könnte.

II.

Sogar die von der New Yorker Zeitschrift *n+1* veranstaltete und als »soziologische Untersuchung« angelegte Diskussion über das Phänomen, die diesem Buch zugrunde liegt, trug in der amerikanischen Originalausgabe den ironischen Titel *What Was the Hipster?* und ist doch in weiten Teilen eine überraschend unironische Tirade. Wortreich wird beklagt, dass der zeitgenössische Hipster weder weiblich noch schwarz sei, unmögliche Schnurrbärte trage und albern enge »Skinny Jeans«, keinerlei eigene Schöpferkraft besitze, dafür aber eine unangenehm selbstgerechte, unheilbar nostalgische Sehnsucht nach der Welt seiner wohlbehüteten Kindheit; der einzige Intellektuelle, den er kenne, sei Slavoj Žižek, dessen politische Philosophie jedoch völlig inhaltsleer sei, was allerdings keine Rolle spiele, weil der Hipster gar nicht wisse, was »politische Philosophie« überhaupt ist.

Dieser Hipster hat allen alten Glanz verloren, er ist eine mehr oder weniger lächerliche, auch tragische Figur geworden, der der Distinktionswahn den Blick dafür verstellt hat, was für eine uniformierte und alberne Gestalt er eigentlich ist. In Robert Lanhams 2003 erschienenem, für die Diskussion inzwischen kanonischem *Hipster Handbook* wird er als irrer Idiosynkrat charakterisiert, als einer, der Geschmacksurteile, Verhaltensweisen und Ansichten habe, die von den Coolen für cool gehalten werden – sowie im Idealfall einen Körperfettanteil von nicht mehr als zwei Prozent. Der (amerikanische) Hipster benutze ununterbrochen den Begriff postmodern, gerne auch in der Kurzform »pomo«, trage sorgfältig zerzauste Frisuren, Umhängetaschen und eine große Brille mit schwarzem Plastikgestell, er gebe vegetarische Dinnerpartys, spreche von seinem einzigen konservativen Freund als seinem »einzigen konservativen Freund« und erwähne gerne unvermittelt, dass er auch schon mal einen Partner gleichen Geschlechts geküsst habe. Und dort, wo er nicht als Lächerling oder krampfiger Exzentriker porträtiert wird, ist er nicht mehr als ein junger Konsum-Avantgardist in engen Hosen, ein seelenloser Trendsetter mit Wohnsitz im Mission District in San Francisco, in Londons Shoreditch oder eben im Hipster-Viertel schlechthin, dem New Yorker Stadtteil Williamsburg, den der Schauspieler Vincent Gallo einmal als riesiges Studentenwohnheim beschrieben hat, nur ohne die Hausaufgaben. Mark Greif entwarf den Hipster auf der New-School-Tagung dementsprechend als Mittelsmann zwischen der Straße und den Marketing-Abteilungen der Konsumgüterindustrie.

Müsste man den deutschen Hipster vor dem inneren Auge auferstehen lassen, sähe man nicht viel anderes. Im Münchner Glockenbachviertel, in Berlin-Mitte oder im Hamburger Schanzenviertel führe ein Mittzwanziger bis Mittdreißiger mit einer Hornbrille oder einer bunten Ray-Ban-Sonnenbrille mit engen, am Gesäß aber etwas hängenden Jeans, einem engen Hemd oder T-Shirt mit großzügigem V-Ausschnitt und spitzen Halbschuhen auf einem gut erhaltenen alten Rennrad oder Fixie vorbei, einem minimalistischen Fahrrad ohne Gangschaltung. Er trüge einen schmalen Clark-Gable-Schnurrbart, vielleicht aber auch einfach einen Vollbart. Auf dem Unterarm wäre eine Tätowierung zu sehen, aber natürlich kein chinesisches Schriftzeichen oder etwas Tribalistisches, sondern irgendetwas absichtlich Krakeliges – oder eine penibel realistische Abbildung einer klassischen silbernen Haushaltsschere. In Originalgröße. Es dürfte aber auch nicht unwahrscheinlich sein, hierzulande mit Vollbart, Pilotenbrille, Wollmütze und Holzfällerhemd Hipster-Hass auf sich zu ziehen. Die ironisch getragene Trucker-Kappe ist im Moment nicht mehr allzu verbreitet. Sie würde sehr gut zum Vollbart passen, wenn man, sagen wir, in der Berliner Auguststraße herumsäße. Und zum ironischen Tattoo, also dem Tattoo, das der inzwischen historisch erwiesenen Albernheit dieser Art des Körperschmucks noch eine völlig unironische, zeitlose Schönheit abringen will.

Die Verachtung, die sich nicht nur auf den Look, sondern die Substanzlosigkeit und die vermeintlich extreme Konsumaffinität dieser Existenz stützt, ist dabei in Deutschland dieselbe wie im englischsprachigen Teil der Welt.

Man kommt mit all diesen Definitionen und Beschreibungen aber eigentlich nicht weit. Am Ende steht immer ein Klischee und nicht viel mehr als die wütende Trauer darüber, dass der Hipster weder ein Künstler noch ein Intellektueller ist. Nur wäre die Bezeichnung, die sich so hartnäckig in der Welt behauptet, in diesen Fällen nicht überflüssig? Man fragt sich deshalb, warum die Diskutanten einem Gegenstand so viel Lebenszeit widmen, zu dem ihnen nicht mehr einfällt, als dass sie ihn für eine todgeweihte, oberflächliche Witzfigur halten. Im Sinne der Anklage wünschte man sich, dass die Fratze, die der Hipster der Gegenwart vorhält, hässlicher ist als eine Skinny Jeans. Hier soll es deshalb nicht um einen weiteren Definitionsversuch gehen, sondern um den Versuch einer Antwort auf die Frage: Woher kommt der Hass?

III.

Tatsächlich ist der Hipster in seiner fleißigen Gegenwartszugewandtheit und seiner detailversessenen Lebensausstattung der Traum aller Zielgruppen-Strategen. Die Anziehungskraft der Figur ist damit allerdings noch nicht wirklich erklärt. Dass manche das Ende des Hipsters beschwören, ist nicht denkbar ohne die Idealisierung des historischen Hipsters, wie sie auch der SMS am Anfang dieses Aufsatzes zugrunde liegt. Das Jazz-Genie Thelonious Monk wird darin zum idealtypischen Hipster, und es scheint, als ob es einen zwingenden Zusammenhang zwischen Genialität und Hipstertum gäbe. Das ist aber nicht der Fall. Im Gegenteil. Es ist gut möglich, ein Genie zu sein, aber kein Hipster. Und umgekehrt. Hipster zu sein ist eine Haltung, Genialität ist eine überragende Fähigkeit. Allerdings gibt es einen engen Zusammenhang zwischen dem Jazz und dem Hipster.

Der Ursprung des Begriffs »Hipster« ist zwar nicht einwandfrei geklärt, unstrittig ist jedoch, dass das Adjektiv »hip« in der Jazz-Szene der zwanziger und dreißiger Jahre verbreitet war und aus der afroamerikanischen Umgangssprache stammt. Als »hep« oder »hip« bezeichneten die Jazz-Fans damals die angesagte Musik. Ob das Wort allerdings eine Variante des damals verbreiteten Slang-Ausdrucks für Opium (»hop«) ist oder sich vom westafrikanischen »hipi« ableitet, das so viel bedeutet wie »jemandem die Augen öffnen«, darüber besteht keine wirkliche Einigkeit. Als Schöpfer des Begriffs »Hipster« wird häufig der Sänger und Boogie-Pianist Harry »The Hipster« Gibson genannt, der seinem 1944 erschienenen Album *Boogie Woogie In Blue*, das einen Song mit dem Titel »The Hipster's Blues« enthält, das kleine Glossar »For Characters Who Don't Dig Jive Talk« beilegte. Der Hipster ist darin einer, der »hot jazz« schätzt. Gibson verteilte das Heftchen auch bei seinen Konzerten.

Die ersten kulturhistorischen Mythologisierungen des Hipsters lassen danach nicht mehr lange auf sich warten. Der Hipster wird als Typus etabliert, als ganz selbstverständlich Wissender und einer, wie es in der 1946 erschienenen Autobiografie *Really*

The Blues des sagenumwobenen (weißen) Jazzmusikers, Produzenten, Finanziers, Dokumentaristen und Katalysators Mezz Mezzrow heißt, »der Bescheid wusste, alles begriff, vollkommen geistesgegenwärtig« war. Hier deutet sich schon eine Inhaltslosigkeit des Urphänomens an, die manche Kritiker heute nicht mehr wahrhaben wollen, wenn sie den zeitgenössischen Hipster als windigen Kulturbanausen diffamieren. Geistesgegenwart ist jedoch notwendig eine windige Angelegenheit.

Genau wegen seiner prinzipiellen Offenheit findet der Hipster nach dem Zweiten Weltkrieg schließlich aus dem Jazz heraus – und fängt sich damals schon den Vorwurf der Oberflächlichkeit, des Hedonismus und der Infantilität ein. Als entscheidendes Ereignis für die wirksame Reflexion und Etablierung des Hipsters gilt gemeinhin Norman Mailers so berühmter wie wegen seines positiven Rassismus umstrittener Essay »The White Negro. Superficial reflections on the hipster«, der 1957 in der Zeitschrift *Dissent* erschien. Dem Text stellte Mailer jedoch seinerseits ein längeres Zitat aus einem im selben Jahr im Magazin *Harper's Bazaar* erschienenen Artikel voran, er reagierte also auf einen bereits angelaufenen Diskurs. Der Hipster ist in *Harper's* der »einzige radikale Nonkonformist seiner Generation«, wenngleich auch ein »Rebell«, der sich im Hintergrund halte und sich mit seiner »magischen Ausstrahlung« begnüge.

Als einen solchen »Rebellen« sieht auch Mailer den Hipster (den er übrigens erstmals »1951 oder 1952« im Klappentext zu Chandler Brossards Buch *Who Walk in Darkness* so genannt gesehen haben will). Vor der monströsen Kulisse der »seelischen Verwüstung« der ganzen Welt durch den Zweiten Weltkrieg steht bei Mailer der mutige (weiße) »amerikanische Existentialist«, der aus seinem fundamentalen Zweifel an den Mächtigen eine Lebenswut ableitet, die alles gesellschaftlich Selbstverständliche infrage stellt. Alles, was ein »gesteigertes Lebensgefühl« vermittle, sei ihm das Gute schlechthin. Dass er von dem angezogen werde, was »der Neger zu bieten habe«, sei insofern kein Wunder.

Die Geburtsstunde des mailerschen Hipsters ist deshalb gekommen, als an sinistren großstädtischen Orten wie dem New

Yorker Viertel Greenwich der fünfziger Jahre die Bohemiens und jugendlichen Verbrecher auf die Schwarzen treffen:

> »Jeder Neger, dem sein Leben lieb ist, muss vom ersten Tag mit der Gefahr leben und darf keine seiner Erfahrungen beiläufig hinnehmen; kein Neger kann in der festen Gewissheit, dass ihm nicht Gewalt angetan werde, die Straße entlangschlendern. […] In einer solchen Lage, in der Selbstüberschätzung für das Überleben ebenso wichtig ist wie Blut, war der Neger nur am Leben geblieben, weil er den Bedürfnissen seines Körpers einfach nachgab, wo immer es möglich war. […] [U]nd so bewahrte er sich die Lebenskunst des Primitiven in der ungeheuren Gegenwart.«

Der Jazz ist für Mailer der musikalische Ausdruck dieser Art der Existenz. Die Hipster, dieses »neue Geschlecht von städtischen Abenteurern«, hatten sich schließlich die »existentialistischen Litaneien des Negers zu eigen gemacht«. Sie konnten als »weiße Neger« betrachtet werden.

Die zentrale Szene des Essays ist dementsprechend der Dialog zwischen einem schwarzen Hipster und einer jungen weißen Intellektuellen. Der Schwarze hat noch nie ein Buch zur Hand genommen, er hat nichts von dem, was das Mädchen ihm erzählt, je gehört, und doch entwickelt sich ein gutes Gespräch: »Er fühlte ihren Charakter, indem er mit den Nuancen ihrer Stimme mitschwang.«

Den Charakter des Hipsters skizziert Mailer als »ständig ambivalent und dynamisch«, er vergöttere die Gegenwart, weshalb die Wahrheit für ihn nicht darin bestehe, »was man gestern empfunden hat oder was man morgen zu empfinden hofft«, sondern darin, was »man in jedem Augenblick auf dem ständigen Höhepunkt der Gegenwart« empfinde. Daraus ergebe sich zwangsläufig die »Scheidung des Menschen von seinen Werten, die Befreiung des eigenen Ichs vom Über-Ich der Gesellschaft«, der Hipster könne daher »ebensogut den konservativsten wie auch den fortschrittlichsten Bewegungen verfallen«. Man ist heute merkwürdig vertraut mit diesen Charakterisierungen.

»Der Hipster«, schrieb der deutsche Jazz-Kritiker und Essayist Joachim-Ernst Berendt 1977, »entstand in Amerika, denn erst dort wurde es für den Schwarzen notwendig, es in der weißen Welt zu ›machen‹ und trotzdem er selbst zu bleiben.« Das Gegenteil von *hip* war *square*, also alles Logische, Klassische, Ordentliche. Dave Brubeck war *square*, Thelonious Monk *hip*. Intuition und Instinkt sind wichtiger als provokativer Protest. Verkleidung entscheidender als Authentizität. Lässigkeit bedeutender als Nachlässigkeit. Oder wie es der britische Popkulturforscher Dick Hebdige 1979 in *Subculture. Die Bedeutung von Stil* bilanzierte:

> »Die Zoot Suits (weite, elegante Anzüge der vierziger Jahre) und die leichten Continentals (europäisch-elegante Anzüge) der Hipsters verkörperten die traditionellen Sehnsüchte der Schwarzen an der Straßenecke (rauszukommen und abzuhauen), während die Beats, bewußt abgerissen in Jeans und Sandalen, eine magische Beziehung zu einer Armut ausdrückten, die in ihrer Vorstellung eine göttliche Essenz, ein Zustand der Gnade, ein Heiligtum war.«

Das gute alte Hipstertum lässt sich also nicht so einfach gegen seine vermeintlich degenerierte aktuelle Version in Stellung bringen. Die Anschlussfähigkeit des Modells ist offensichtlich viel zu groß. Mit anderen Worten: Der Schein bestimmte immer schon das Bewusstsein.

Auf die traditionell enge Verbindung von Hipstertum und Kommerz wiederum hat nicht zuletzt John Leland in seiner 2004 erschienenen brillanten Studie *Hip. The History* hingewiesen: »Das Konzept Hipness hat als eine formende Kraft Amerikas überlebt, weil es seinem Wesen nach unrein ist.« Andy Warhol wurde nicht zum idealtypischen Hipster, weil er ein Künstler war, sondern weil er es so virtuos verstand, den Dingen neue Bedeutungen zu verleihen: »[S]ollten die anderen ruhig die Rohmaterialien produzieren, er verlieh den Dingen Wert und Bedeutung.«

IV.

Die Verklärung des Ur-Hipsters ist allerdings nur das eine Problem. So selbstverständlich, wie er oft dargestellt wird, ist der Hass auf den zeitgenössischen Hipster noch aus einem ganz anderen, entscheidenderen Grund nicht. Denn sosehr wir ihn hassen, so sehr scheinen wir ihn in diesem noch jungen 21. Jahrhundert zu brauchen. Wer in den vergangenen Jahren, Monaten, Tagen, Stunden durch die Presse, das Internet, die Welt gestolpert ist, der hat überall dort, wo es um die Frage ging, wo denn so etwas wie der Puls der Zeit schlage, immer schon Gesellschaft gehabt. Am maßgeblichen Ort für dieses oder jenes, für Urlaub, Musik, Essen, Trinken, Sehen, Sein, hat er den Hipster getroffen. Und auch die maßgeblichen, die »angesagten« Dinge, die zu lesen sind, anzusehen und anzuziehen, hat der Hipster schon gelesen, gesehen und angezogen.

Die Zeitschrift *Neon* hat ihn in einem Club in Moskau gesehen, der Berliner *Tagesspiegel* wieder einmal in den Bars in der Oranienstraße, die *taz* meldete, dass es in der »US-Hipster-Szene« cool sei, sich als Indianer zu kleiden, die *Neue Zürcher Zeitung* weiß, dass es die Stockholmer Hipster in den Stadtteil Södermalm zieht und wo sie sich in Reykjavik herumtreiben, *Geo Saison* stand mit ihnen in Prag an der Bar, die *Welt* fand sie in Australien zwischen Sydney und Brisbane, die *Frankfurter Allgemeine Sonntagszeitung* kennt die »Hipster-Labels« in Paris, die Wochenendbeilage der *Süddeutschen Zeitung* bemerkte kürzlich, dass »Großstadt-Hipster« ihre Wohnungen jetzt mit ausgestopften Tieren dekorieren, und im *Guardian* ist der Chillwave-Pionier Ernest Greene alias Washed Out gerade »Hipster-favourite musician«. Bei Google Trends ist deutlich zu sehen, dass sich die Kurve der Popularität des Suchbegriffs »Hipster« seit Mitte der nuller Jahre bis heute kontinuierlich nach oben bewegt.

Selbst an Orten, an denen man in den grundsätzlicheren Essays wüste Beschimpfungen des Hipsters zu lesen bekommt, ist der Begriff in den Kritiken und Features zur Einordnung beliebt. Und zwar in den seltensten Fällen in abwertender Absicht.

Die Berliner Technokultur-Zeitschrift *De:Bug* etwa bemerkte im Sommer 2011 in einem großen Bericht über Tyler, The Creator, einen der jungen neuen Schrittmacher des amerikanischen Hip-Hop, dass ebenjener in den vergangenen zwei Jahren als einer der »Vorreiter des Hipster-Rap« gegolten habe.

V.

Bevor man Begriff und Figur also leichter Hand verwirft, muss man darüber reden, dass der »Hipster« ein zentraler Bezugspunkt des zeitgenössischen Nachdenkens und Berichtens über Kultur und Gesellschaft geworden ist. Wir scheinen seine Gegenwart nicht zu schätzen, nach der Gegenwärtigkeit, die wir mit dem »Hipster« verbinden, verlangen wir umso selbstverständlicher. Wo der Hipster ist, ist vorn. Als Agent der Gegenwart wird er heute mehr gebraucht denn je. Das war nicht immer so.

Es gab eine Zeit, in der das Publikum – die Wahrheit ist immer eine Übertreibung – in wesentlichen Bereichen noch selbst entscheiden konnte, wo vorn war. Es war die Zeit, als wütende Popautoren wie der Schriftsteller Rainald Goetz noch am renommierten Ingeborg-Bachmann-Preis teilnahmen und in der Jury noch die wichtigsten Literaturkritiker des Landes saßen. Die Bücher, Platten und Filme, über die alle redeten, hatten – mehr oder weniger – auch wirklich noch alle gelesen, gehört und gesehen. Es war die Zeit, als Kolumnen in Magazinen wie *Tempo*, die alles besser, cooler, lässiger machen wollten als die drögen etablierten Medien, noch »100 Zeilen Hass« heißen und ganz ernsthaft den deutschen Schlagerkönig Ralph Siegel demontieren konnten.

Aber »100 Zeilen Hass« – das bedeutet aus heutiger Sicht eben auch, dass es offenbar noch eine Verbindung, eine geteilte Grundlage des Nachdenkens über Kultur gab, die man dann effektvoll und für alle nachvollziehbar verwerfen konnte. Es war die Zeit der großen Kunstrichter, der alten Herren des Feuilletons, die Zeit von Joachim Kaiser, Marcel Reich-Ranicki und Fritz J. Raddatz. Die Zeit der Großschriftsteller, der

Meisterdenker, der Malerfürsten, der Maestros, der Poplegenden. Diese Zeit ist unwiederbringlich vorbei.

Heute herrschen die unmittelbare Verfügbarkeit alles Alten und die Gleichzeitigkeit alles Neuen, also der absolute Überfluss. Im amerikanischen Fernsehen revolutionieren immer neue Serien das zeitgenössische epische Erzählen. Im Pop laufen das ewige Disco-Revival *und* die Erneuerung der elektronischen Musik durch Third-Wave-Dubstep-Bastler wie James Blake *und* die Rettung des Hip-Hop von Laptop-Genies wie Steven Ellison alias Flying Lotus als experimentelle Bassmusik und das Old-School-Revival. In den Charts stehen kaum noch die Künstler ganz oben, die es vermögen, ein Zeitgefühl massenkompatibel auf den Punkt zu bringen, sondern die, die ihre Fanbasis sorgsam pflegen und bei neuen Veröffentlichungen mithilfe der sozialen Netzwerke punktgenau mobilisieren können. Auf den Bestseller-Listen der Buchbranche stehen Titel von Autoren an der Spitze, von denen professionelle Beobachter noch nie etwas gehört haben, geschweige denn eine Zeile gelesen. Filme werden penibel für ganz spezielle Zielgruppen produziert.

»Vor der Aufklärung durch das Internet hatte ich keine Ahnung, wie wenig Einigkeit zwischen mir und meinen Freunden in Geschmacksfragen herrscht. [...] Wir sind kein Teil einer kulturellen Gemeinschaft. [...] Unsere Freunde sind nicht unsere Geschmacksnachbarn, unsere Geschmacksnachbarn nicht unsere Freunde«, konstatierte die Berliner Essayistin Kathrin Passig kürzlich in einem Aufsatz über Internetangebote wie das Netzradio last.fm oder den Online-Filmverleih Netflix, die sich allmählich dem individuellen Geschmack ihrer Nutzer anpassen.

Mit anderen Worten: »100 Zeilen Hass« sind allein deshalb undenkbar geworden, weil die kulturelle Einigkeit, aus der dieser Hass erwachsen könnte, nicht mehr herrscht. Wenn einem auch das je Erfreulichere präsent sein kann, wieso sollte man sich dann mit dem Unerfreulichen aufhalten? Ganz abgesehen davon, dass damit wohl auch kein Leser mehr zu gewinnen wäre, der dafür mehr als ein Schulterzucken übrig hätte: »Hundert Zeilen Hass? Was für eine Zeitverschwendung. Warum beschäftigt sich der Mann nicht mit den Dingen, die wirklich gut sind? Die sind doch gerade eben jetzt auch da?«

Besonders hart hat es die Popmusik getroffen, nicht zuletzt natürlich, weil deren Produktions- und Distributionsmittel inzwischen kaum mehr kosten als eine bessere Waschmaschine oder ein gebrauchter Kleinwagen. Die Probleme der Popmusik dürften exemplarisch sein für die Probleme der Kulturproduktion und -rezeption im Zeitalter des Web 2.0. Der durchschnittliche Bedroom-Produzent ist heute im Besitz von Aufnahme-Equipment, das vor zwanzig Jahren noch mehrere hunderttausend Mark gekostet hätte. Dementsprechend uferlos ist die Menge an Veröffentlichungen, der schlechten wie der guten. Der Vorwurf, es gebe keine Popkritik mehr, die diesen Namen wirklich verdient, ist deshalb so symptomatisch wie unfair. Unfair, weil die Kritik ein ernstes Rechtfertigungsproblem hat; unter den herrschenden Bedingungen stellt sich mit jedem Verriss die Frage, ob der Autor nicht einfach nur nicht fleißig genug nach der guten Musik gesucht hat. Und symptomatisch, weil Aufmerksamkeit längst ein viel zu rares Gut geworden ist, um sie Gegenständen zu widmen, die dann doch nicht der Rede wert sein sollen.

VI.

Die Folge der Unübersichtlichkeit ist eine nicht zu unterschätzende Veränderung der gesellschaftlichen Mentalität. Der amerikanische Wirtschaftsjournalist Daniel Lyons hat in einem Artikel in *Newsweek* über die New New Economy darauf hingewiesen, dass das zentrale Problem für Web-2.0-Unternehmen darin besteht, dass sie keine klassischen Kunden mehr haben, sondern ein – natürlich ungleich launischeres – Publikum:

> »Eine Firma zu gründen hat heute fast nichts mehr damit zu tun, ein traditionelles Technologie-Unternehmen aufzubauen. Es ist viel eher so, als lanciere man eine neue Fernsehshow. Und vielleicht sind diese Firmen ihrem Wesen nach

ja ebenso flüchtige Erscheinungen wie Fernsehshows. Die Menschen schneien eine Weile in das neue Angebot rein, langweilen sich irgendwann und machen sich dann auf Nimmerwiedersehen davon.«

Reinschneien, langweilen, abhauen – möglicherweise geht dieser Befund aber noch gar nicht weit genug. Der Kunde war schließlich schon immer nicht mehr als ein potenzieller Käufer und als solcher per definitionem ein flüchtiger Genosse. Der Begriff wäre also für das, was er bei Lyons repräsentieren soll, fast zu modern.

Der Begriff Publikum wiederum ist für das, was gemeint ist, eigentlich zu altmodisch. Traditionell ist das Publikum eine Menge von Menschen, die schon bezahlt hat, bevor sie sich langweilt. Es scheint, als müsse die Zeitenwende noch radikaler formuliert werden: Als marktbeherrschende und somit bewusstseinsprägende Sozialfigur wurde der Käufer vom User abgelöst. Das Nutzen ist im Kern ein ungleich nervöserer, zielorientierterer, aber auch nüchternerer Akt als bloße Unterhaltung. Entertainment funktioniert im Idealfall als unmittelbare Überwältigung. Einen Zweck, der darüber hinausgeht, gibt es nicht. Nutzung bedeutet unter der Bedingung der grenzenlosen Gleichzeitigkeit des Internets dagegen, dass ununterbrochen die Sinnfrage im Raum steht: »Was habe ich eigentlich gerade jetzt in diesem Moment davon, dass ich diese oder jene Seite nutze?« Gelingt es einem Angebot nicht, zügig eine überzeugende Antwort auf diese Frage zu liefern, ziehen die User weiter. Über MySpace, das von 2006 bis 2008 das populärste soziale Netzwerk der Welt war, wird heute nur noch gesprochen, wenn wieder einmal die Eigner wechseln.

Der User ähnelt übrigens verblüffend einer Selbstbeschreibung Marshall McLuhans aus einer Fernsehshow im Jahr 1967, in der sich der Medienphilosoph ununterbrochen auf einem Drehstuhl drehte, während er auf die Frage aus dem Off, ob es stimme, dass er nicht immer einer Meinung mit sich selbst sei, antwortete:

»Ich habe keinen Standpunkt. […] [E]inen Standpunkt zu

haben bedeutet, eine statische, fixe Position zu vertreten, und im elektronischen Zeitalter kann man keine statische, fixe Position haben. Man muss immer überall gleichzeitig sein – ob man das mag oder nicht. Man muss immer teilhaben an allem, was gleichzeitig passiert. Und das ist kein Standpunkt.«

Vom User jedoch, jenem nervösen Streuner auf der Suche nach dem nächsten digitalen Reiz, zu dem uns das Netz alle gemacht hat, ist der Weg zum Hipster sehr kurz. Noch nie dürfte uns der Hipster deshalb so nahe gewesen sein wie heute. Der Autor, Popkritiker und Warhol-Weggefährte Glenn O'Brien beschrieb ihn 1987 (er muss ausnahmsweise vorerst im Original zitiert werden) folgendermaßen:

»To be hip […] has been to be where it's at, pointed toward where it's all going. Hip is the posture of the futuristic elite, who are living today by tomorrow's standards, ideals and ideas. To be hip is to live in the future. Twenty minutes or more. And to be hip is to possess the attributes of the future as they are perceived from where it's at.«

Wissen, was abgeht und wohin es führt, heute schon in der Zukunft leben – mit Seiten wie Twitter oder Facebook, mit deren Hilfe man sich im Sekundentakt mit den laufenden Ereignissen synchronisieren kann, ist die Gegenwart heute für Millionen Nutzer so nah an die Zukunft gerückt wie noch nie zuvor. Der Preis dafür ist hoch. Erstmals seit Langem ist die Zukunft kein Versprechen mehr, sondern für die eigene Geistesgegenwart und Aufmerksamkeitsökonomie eine echte Zumutung, das »unendliche digitale Jetzt«, wie es der Schriftsteller William Gibson kürzlich genannt hat. Womit wir wieder beim Hipster wären. Und dem Hass.

VII.

Wie keine andere Figur steht der Hipster für die Zumutung, zu der Jack Kerouacs berühmte Worte aus *Unterwegs* noch heute passen, nur besser (den euphorischen Überschuss muss man sich allerdings wegdenken):

> »[D]ie einzigen Menschen sind für mich die Verrückten, die verrückt sind aufs Leben, verrückt aufs Reden, verrückt auf Erlösung, voll Gier auf alles zugleich, die Leute, die niemals gähnen oder alltägliche Dinge sagen, sondern brennen, brennen, brennen wie phantastische gelbe Wunderkerzen und wie Feuerräder unter den Sternen explodieren, und in der Mitte sieht man den blauen Lichtkern knallen und alle rufen ›Aaah!‹.«

Als manisch omnipräsenter, brennender Bescheidwisser ist der Hipster inzwischen allerdings kein wilder, glamouröser Verrückter mehr, der den Mut hat, das Freiheitsversprechen der westlichen Welt wirklich ernst zu nehmen. Der Hipster ist heute vielmehr eine zwar extreme, das heißt: extrem zeitgemäße Existenzform, aber eben keine alternative, nonkonformistische (weshalb er auch nicht länger zur Idealisierung taugt). Anders und nur wenig überspitzt gesagt: Stärker als der Hipster haben sich die Zeiten geändert und so dafür gesorgt, dass er von einer außergewöhnlichen zu einer notwendigen Lebensform geworden ist. Wie kein anderer verkörpert er die Grundbedingung des Daseins im Angesicht der digitalen Revolution: die Notwendigkeit permanenter persönlicher Veränderung bei der Synchronisation mit den Zeitläufen, die immer stärker und schneller das Internet prägt. Einen darüber hinausweisenden normativen Kern des Konzepts gibt und gab es nicht, aber gerade das macht seine nicht enden wollende Aktualität aus. Hipster zu sein ist eine Form, den Dingen zu begegnen, die viel mit Wachsamkeit und wenig mit Besinnung zu tun hat. Konkrete Inhalte wie ästhetische Vorlieben oder auch Kleidungsstile, die diese Form nach sich zieht, sind zwangsläufig temporäre Ableitungen.

Die Tatsache jedoch, dass der Hipster von einer möglichen zu einer nötigen Rolle geworden ist, bedeutet, dass sich heute jeder zu ihm verhalten muss. Ob er will oder nicht. Den alten Hipster konnte man bewundern oder verabscheuen, mit den Herausforderungen des eigenen Lebens gab es letztlich kaum Überschneidungen. Jetzt ist er auf der Skala der idealtypischen Lebensformen nur noch das exakte Gegenteil des sich den Zumutungen der Gegenwart absichtlich entziehenden Vorort-Einsiedlers.

Psychologisch hat das natürlich eine fatale Konsequenz: Vom Streber unterscheidet den Hipster nur noch, dass er die Anforderungen nicht in Mathematik oder Latein zur vollsten Zufriedenheit erfüllt. Das Medienzeitalter hat vielmehr die Distinktionsstrategie des Hipsters mit dem zentralen Versprechen seines dominierenden Massenmediums, des Internets, parallelisiert: Vorsprung durch Gegenwärtigkeit. So ist der Hipster zum ungeliebten Vorbild geworden, zur wandelnden Erinnerung an das eigene schlechte Gewissen darüber, immer noch nicht alles zur gleichen Zeit tun zu wollen. Wenn das kein Grund für ein bisschen Hass ist.

Literatur

Berendt, Joachim-Ernst, »Der Typ und der Anti-Typ: Asterix und Ajax. Zum Phänomen von Hip und Square«, in: ders., *Ein Fenster aus Jazz – Essays, Portraits, Reflexionen*, Frankfurt am Main: Fischer 1977, S. 263-277.

Diederichsen, Diedrich/Hebdige, Dick/Marx, Olaph-Dante, *Schocker. Stile und Moden der Subkultur*, Reinbek bei Hamburg: Rowohlt 1983.

Kerouac, Jack, *Unterwegs*, Reinbek bei Hamburg: Rowohlt 1998 [1957].

Lanham, Robert, *The Hipster Handbook*, New York: Anchor Books 2002.

Leland, John, *Hip. The History*, New York: Harper Collins 2004.

Lyons, Daniel, »Digging a big hole«, in: *Newsweek* (8. November 2010), S. 16.

Mailer, Norman, »Der weiße Neger« [1957], in: *Reklame für mich selber*, Frankfurt am Main/Berlin: Ullstein 1986 [1959], S. 369-391.

O'Brien, Glenn, *Soapbox – Essays, Diatribes, Homilies and Screeds 1980-1997*, herausgegeben von Cornelia Lauf, Gent: Imschoot Uitgevers 1997.

Passig, Kathrin, »Keinem deiner Freunde gefällt das«, in: *Passagen* 2/2011, S. 15 f.

Die Beiträgerinnen und Beiträger

Baumgardner, Jennifer, geboren 1970, ist Publizistin und Literaturkritikerin. Zusammen mit Amy Richards veröffentlichte sie 2000 das Buch *ManifestA. Young Women, Feminism, and the Future* (New York: Farrar, Straus and Giroux). Zuletzt erschienen: *Look Both Ways. Bisexual Politics* (New York: Farrar, Straus and Giroux 2007) und *Abortion & Life* (New York: Akashic Books 2008).

Clayton, Jace, geboren 1975, ist Publizist und DJ. Clayton, besser bekannt unter dem Namen DJ/rupture, schreibt unter anderem für *n+1*, *Fader* und das englische Musikmagazin *The Wire*. Zuletzt erschienen seine Alben *Solar Life Raft* (2009) und *Curiosity Slowdown* (2010).

Evans, Patrice, geboren 1976, ist ein amerikanischer Schriftsteller und Satiriker. Er bloggt unter dem Namen The Assimilated Negro. 2011 erschien sein Buch *Negropedia. The Assimilated Negro's Crash Course on the Modern Black Experience* (New York: Crown/Three Rivers Press).

Geiselberger, Heinrich, geboren 1977, arbeitet als Lektor im Suhrkamp Verlag.

Glazek, Christopher, geboren 1985, arbeitet als Fact Checker für den *New Yorker* und schreibt auf der Website des Magazins für die Kolumne »The Book Bench«.

Greif, Mark, geboren 1975, studierte Geschichts- und Literaturwissenschaft in Harvard, Oxford und Yale. Er ist Mitbegründer und Redakteur der New Yorker Zeitschrift *n+1* und lehrt am Eugene Lang College der New School for Liberal Arts. In der edition suhrkamp erschien zuletzt sein Essayband *Bluescreen. Ein Argument vor sechs Hintergründen* (es 2629).

Jefferson, Margo, geboren 1947, ist eine amerikanische Theaterkritikerin, ab 1993 war sie Redakteurin bei der *New York Times*. 1995 erhielt sie den Pulitzer Prize für Literaturkritik. Derzeit lehrt sie am Eugene Lang College der New School for Liberal Arts, New York. 1996 erschien ihr Buch *On Michael Jackson* (New York: Vintage).

Lorentzen, Allison, geboren 1981, war lange Zeit Chefin vom Dienst und Mitherausgeberin von *n+1*. Derzeit arbeitet sie als Lektorin bei Penguin Books.

Lorentzen, Christian, geboren 1976, arbeitete als Filmkritiker für *n+1*, für das Magazin *Harper's* und ist derzeit Redakteur beim *New York Observer*.

Meinecke, Thomas, geboren 1955, ist Autor, DJ und Musiker. Zuletzt erschien im Suhrkamp Verlag sein Roman *Lookalikes* (2011).

Rabe, Jens-Christian, geboren 1977, ist Redakteur im Feuilleton der *Süddeutschen Zeitung*.

Rapp, Tobias, geboren 1971, studierte Allgemeine und Vergleichende Literaturwissenschaft und arbeitet als Kulturredakteur beim Nachrichtenmagazin *Der Spiegel*. Im Suhrkamp Verlag erschien 2009 *Lost and Sound. Berlin, Techno und der Easyjetset* (st 4044).

Ross, Kathleen, geboren 1986, ist Schriftstellerin, sie lebt in New York. Derzeit leitet sie das Büro von *n+1*.

Schumacher, Eckhard, geboren 1966, lehrt Neuere deutsche Literatur und Literaturtheorie an der Ernst Moritz Arndt Universität Greifswald. In der edition suhrkamp erschien zuletzt *Gerade Eben Jetzt. Schreibweisen der Gegenwart* (es 2282).

Tortorici, Dayna, geboren 1989, ist Schriftstellerin und lebt in Providence, Rhode Island. Derzeit arbeitet sie als Juniorredakteurin bei *n+1*.

Dank

Die amerikanischen Herausgeber danken: dem Eugene Lang College der New School und dem Dekan Neil Gordon; Carla Blumenkranz, Willa Cmiel, Kiera Feldman, Anna Feuer, Ashton Goggans, Ali Heifetz, Larry Jackson, Casey Blue James, Jennifer Riegle, Elizabeth Stark und den Herausgebern von *n+1*.